声優サバイバルガイド

Voice actor

現役プロデューサーが語る
"声優の戦い方"

大宮三郎
Saburou Oomiya

JN176400

くびら出版

声優サバイバルガイド

〜現役プロデューサーが語る〃声優の戦い方〃

はじめに

まず、簡単に自己紹介をします。
僕はアニメーション（以下、アニメ）のプロデューサーをしています。

およそ30年前、地方に住むオタク青年だった僕は、アニメに関わる仕事がしたい一心で上京し、アニメの専門学校を経て制作会社に飛び込みました。
そこでは、朝から晩まで休日もなく働くのが当たり前。２週間も家に帰れないようなアニメ現場特有の過酷な日々も経験しました。この時期アニメについて多くを学べたからこそ、今、僕は仕事を続けていられるのだと思います。

やがて映像メーカーで作品を統括する立場のプロデューサーになり、これまで美少女アニメを中心に50本以上の作品を手がけてきました。

長年、アニメ制作に携わっていると、声優になりたいという若者やデビューしたての声優と話す機会があります。

彼ら、彼女らの多くは、声優学校の課題や与えられた仕事を、疑問や不安など感じつつまじめにこなしています。ずば抜けた才能の持ち主や特別運に恵まれた人は、そうした正攻法の努力だけでステップアップしていきます。

しかしほとんどの人は、まじめなだけでは生き残れません。声優として生き残るためには、業界の実情を踏まえた効果的な努力や勉強が必要なのです。

声優といってもさまざまなタイプの方がいますが、僕がアニメのプロデューサーなので、この本では主にアニメ声優について書いています。

伝えたいのは、アニメ声優になり、仕事を続けていくために必要な知識や心構え、テクニックです。具体的には、「配役はどのように決まるのか」「オーディションに勝つ方法」といったことです。

声優の演技メソッドなどは学校のレッスンや既存のハウツー本に譲り、現役プロデューサーだからこそ書ける実践的な内容にこだわりました。僕の個人的な意見も含まれていますが、長年、アニメ業界で活動してきた経験をもとに書いたので、間違ってはいないはずです。

志ある若者の一助になれば幸いです。

声優サバイバルガイド●目次

第1章 声優の仕事

第2章

声優になるには

第3章

声優が役をつかむまで

第6章

声優サバイバル術

第7章

声優はアニメを知ろう

第1章
声優の仕事

職業としての声優

そもそも、声優とはどんな条件や環境のもとで仕事をしているのか。声優を目指している方には、とても気になるところだと思います。

はじめに、職業としての「声優」を考えてみましょう。

声優は、資格や免許が必要な仕事ではありません。男女や年齢の差別もほとんどなく、誰にでもチャンスがある職業です。

ただ実際には、男性と女性では演じられるキャラクターが異なり、それゆえ、男性声優と女性声優ではチャンスの数に差があります。

わかりやすい例で言うと、赤ちゃんから中学生までの子どものキャラクターは、性別に関わらずほぼ女性声優が演じます。声変わり前の男の子は、女性にしか演じられないのです。

また、現在のアニメ業界では登場人物がほとんど女性という美少女アニメの割合が高く、その点からも女性声優の仕事が、男性声優より多くなっています。

では、声優の年齢とキャラクターの年齢はどういう関係になっているのでしょう。それは、ベテラン声優が若いキャラクターを演じることは珍しくなく、逆に若手声優が年配のキャラクターを演じるケースは少ないというものです。

声優は、かなり年配になっても幼児を演じることができます。さっきまでお孫さんの話をしていた大ベテランが、幼いキャラクターに成りきることもあり、そばで見ていると不思議に感じることすらあります。

会社員と違い定年がないのも、声優という職業の大きな魅力といえるでしょう。もちろん実力があればですが、いくつになっても続けられる仕事はそう多くありません。

平日は収録、土日はイベント

声優が仕事をする際、拘束時間は仕事によってさまざま。つまり不規則です。

テレビアニメの収録が行われるのは、午前スタートだと10～15時、午後は16～21時とほぼ決まっていますが、ゲームなどほかの仕事にはそうした慣習がなく、深夜まで拘束されることも珍しくありません。

また、**仕事の依頼は突然くることが多く、当日の朝に連絡がきて夕方から収録というケースも**あります。そうした事態に対応しなければならないため、実際に仕事をしている時間以上に「拘束されている」と感じる人もいるようです。

なお、テレビアニメの収録はほとんど平日に行われます。収録日が祝日と重なった場合も、休みになることはありません。なぜなら、収録する回の放送は休止にならないからです。

同じ理由で、お盆休みもありません。ただ、年末年始で放送が休止になる場合は、制作スケジュールの調整により収録が1回分休みになることもあります。昔はプロ野球の中継でアニメ番組の放送が休みになることもあり、制作スケジュールが厳しい状況のときはおおいに助かりました。

テレビアニメ以外の仕事は、曜日に関係なく依頼がきます。とくに**土曜日、日曜日はイベントなどの仕事があるので、声優として売れてきたら土日は休めない**ものと思ってください。

かくいう僕も、『下級生』という作品のプロモーション（宣伝）で、7月と8月の毎週土日、主演声優・茶山莉子さんと主題歌歌手・安達まりさんに全国で行うイベントへの出演をお願いしたことがあります。また、元旦から秋葉原の電気店で声優出演イベントを仕掛けたこともありました。声優は、カレンダー通りには働けない職業なのです。

仕事をする場所は、収録を行うスタジオがメインです。スタジオ内の声優が演技をする部屋＝録音ブースには、30人以上入れる広いところから1人用の狭いところまで、さまざまなタイプがあります。

イベントなど顔出しの仕事をするのは、店舗やホール、ライブハウスといった場所。グラビアやプロモーションビデオの撮影は屋外で行う場合もあり、ロケで地方や海外に出張することもあります。

アニメの収録は出演者が一堂に会して行うので、スタジオは皆が集まりやすい都内にあります。ですから、**地方在住で声優を目指している人は、いずれ東京に出てこなければなりません。**

声優学校は地方にも数多くあり、どこもしっかりとした授業を行っていますが、進学するなら、卒業後に上京するタイミングを考えておく必要があります。

なお昨今〝ネット声優〟という形で、地方で活動する声優もいます。しかし、収録の際に録音機材や防音設備が整っていない、演出家が立ち会えないといった本人の技量以前の問題で敬遠されがちです。現状、おすすめできる選択ではありません。

マストアイテム

さて、資格や免許はいらない声優ですが、**仕事をするうえでどうしても必要な物があります。それは、パソコンとプリンター**です。

声優が仕事をする際、事前に台本が渡されます。アニメの収録や洋画の吹き替えのときは製本された小冊子の形で手元に届きますが、その他の仕事はデータの状態の台本がメールで送られてくることも珍しくありません。それを自宅や事務所で印刷するのです。

最近は台本のデータを印刷することなく、タブレットなどの端末上で開いて仕事をしている人もいます。でも、そうした端末は故障や電池切れなどトラブルが起こる可能性もあるので、とくに新人のうちはきちんと紙に印刷した台本を現場に持っていきましょう。

なお仕事を始めれば、台本だけではなく、映像や写真などさまざまなデータが関係者から送られてきます。それらのデータが、非常に大きいものだったり特殊な形式のファイルだったりするとスマートフォンやタブレットでは対応しにくいので、やはりパソコンとプリンターのセットは用意しておくべきなのです。

これは余談ですが、20年ほど前まで声優の必須アイテムと言えば、留守番電話機能付ファクシミリ（ＦＡＸ）でした。携帯電話があまり普及していないころ、仕事の連絡を受けるために使われていました。台本やスタジオの地図がＦＡＸでゆっくり届いたものです。今は僕ですら年に数回しか使わないので、ＦＡＸを「触ったこともない」という若い人も多いのではないでしょうか。

どんな未来が？

一般的に声優は、年齢とキャリアによって仕事の中身が異なります。あなたは、声優になった後、どのような道を歩むのか。一つの例を見てみましょう。

10代～20代前半（新人時代）

声優としての成長期。台本に「その他」と書かれた端役などをこなして経験を積み、やがて名前のある役をもらう。もし、アイドル声優として人気が出たら、グラビアやイベントなどどんな仕事も積極的にこなすべき。ただ、声優の仕事だけでは食べていけず、周りの人から援助を受けるか、アルバイトと両立する必要がある。

20代半ば～30代（脂がのっている時期）

声優としての最盛期。メインキャラクターを演じる。歌手活動や大規模なイベントなど仕事は多岐にわたり、休みはほとんど取れない。しかし、ようやく声優の仕事だけで食べていけるようになる。

40代～（ベテラン）

声優としての熟成期。メインキャラクターを演じることが少なくなるかわりに、重みのある脇役など年相応の役が増えてくる。顔出しの仕事は減るが、ナレーションや実写の吹き替えなど仕事の幅は広がる。なお、実績や人脈がベテラン声優の仕事に直結するため、そうしたものを築けなかった人は仕事を得られず引退することも多い。

若いときから、こうしたキャリアの積み方を意識しながら活動するとよいでしょう。

稼げる？

ずばり声優は稼げるのか？

残念ながら、**人気があり、そこそこ仕事をしている声優でも、アルバイトをしないと暮らしていけないのが現実**です。

例えばテレビアニメの場合、ジュニアと呼ばれる若手声優でギャラは１回15000円ほど（ここから事務所の手数料が引かれる）。拘束は約５時間ですから時給3000円。一見割のいい仕事です。

ただ、毎日仕事がある人はまずいません。月収で考えると到底生活できるレベルではなく、残念ながらアルバイトは必須です。仕事の単価は人気とは比例しないので、稼ぎを増やす確実な方法はとにかく仕事を多くこなすことです。なお、単価はキャリアを積めば上がっていきます。しかし、単価が上がると予算の関係から「使いづらい」と敬遠され、仕事が減ることもあります。声優がどう稼いでいくかは、なかなか難しい問題です。

そのほかの仕事のギャラは、本当に〝ピンキリ〟。たいていの場合、時給や日給に換算すればそう悪くはありませんが、やはり仕事の頻度が重要です。声優という職業は、頻繁に、定期的に仕事がなければ、収入面での〝旨み〟はありません。もちろん、誰もが知る人気声優になれば話は別ですが……。

ここまで職業として声優を考える中で、ずいぶん厳しい面に触れてきました。でも、最後に伝えたいのは声優の仕事の魅力です。

若い声優に

「なぜこの仕事をしているの？」

と聞けば、ほぼ全員、

「アニメが好きだから」

と答えます。

つまり、アルバイトとの両立が大変でも、なかなか芽が出なくても、「大好きなアニメに関われること」にかけがえのない魅力を感じて、声優を続けているのです。

声優は、自分の声のキャラクターがテレビの中で躍動する様子を見たとき、エンディングテロップに自分の名前が出たとき、すべての苦労が吹き飛ぶようなカタルシスを感じるものです。それは声優だけではなく、アニメの仕事に携わるすべてのスタッフが感じる大きな喜びです。

心が折れそうになったら、ぜひ「大好きなアニメに関われる幸せ」を思い出してください。

声優に向いている人、向かない人

声優はさまざまな面が不安定、でもかけがえのない魅力がある職業。僕は、声優になりたいという若い人全員が夢を叶えてほしいと思っています。

その一方で、長年の経験から声優に向いている人、向かない人がいて、残念ながら向かない人の成功が難しいことも感じています。

ここでは、どんな人が声優に向いているのかまとめてみました。現時点のあなたに当てはまらない部分があっても、早めにそれを知って対策をすることが大事。参考にしてください。

①アニメが好き

これは絶対条件です。

②声質に特徴がある

〝アニメ声〟と言われるような、声に特徴がある人はそれだけで有利。強力な武器になるからです。自分の声にイメージぴったりという役があれば、キャスティングされる可能性は非常に高まります。

③演技をするのが好き

「好きこそものの上手なれ」と言います。上手い下手ではなく、演技が好きなことは声優として不可欠な条件です。

④ある程度恵まれた容姿を持っている

アニメ声優のアイドル化が進んでいる現在、顔を出す仕事は必須です。ただ、ずば抜けた美しさではなく、近所にもいそうな普通のかわいらしさのほうが、アニメファンには好まれるようです。

⑤出たがりである

露出する機会が多い昨今のアニメ声優は、積極的に人前に出るタイプが望ましいと言えます。どんなに演技が上手くても、容姿に恵まれていても、お客さんの前で表現するのが苦手とか、愛想良く振る舞えない人は仕事になりません。

⑥人と話すのが好き

関係者とのコミュニケーションはもちろん、ファンとの交流などもあり、人と話をする機会が多い仕事です。また、もし話し上手、聞き上手になれば、どの現場でも好かれます。

ちなみに、演技などの技術は、誰でも努力すればある程度上手くなります。「自分には演技の才能がなさそうだ」と思っていても、あまり気にする必要はないでしょう。

また、もちろんアイドル的な活動をしない道もあります。**声優にはさまざまな需要があり、多様な方向性が存在する**のです。

自分の容姿や声質を客観的に分析して、どんなタイプの声優を目指すべきかよく考えてみてください。

活躍の場は広い

近年、声優の仕事は多岐にわたっています。声優の世界に踏みだす前に、当然、その全体像をつかんでおくべきです。

声優が携わる仕事は、次のようなカテゴリーに分けられます。

【アニメ】
映画／テレビアニメ／ＯＶＡ（オリジナル・ビデオ・アニメーション）／配信アニメーション

【ゲーム・遊技機】
アーケードゲーム（ゲームセンターなどに置かれる業務用ゲーム機）／コン

シューマーゲーム（家庭用ゲーム機）／パソコンゲーム／モバイルゲーム／パチンコ／パチスロ

【実写（吹き替え）】
海外映画／海外ドラマ

【その他】
ナレーション・アナウンス／MC（イベントなどの司会）／ラジオ番組／歌／音声ドラマ／イベント・ライブ／舞台公演／グラビア

一般的にイメージされる声優の仕事は、アニメやゲームのキャラクターを演じることと、海外の映画・ドラマの吹き替えではないでしょうか。でもこうして並べてみると、ほかにもさまざまな仕事があるとわかりますね。

ではここからは、それぞれの仕事の特色や求められる能力について解説しましょう。

【アニメ】

〈映画〉

映画館などの劇場で公開される作品です。もっとも作品の質が高く、その分、制作予算も破格です。

制作本数は時代により大きく変動しますが、近年は増加傾向にあります。これは、モンスター的存在だったスタジオジブリ作品以外にも、ビジネスとして成功する作品が多数出てきているからでしょう。

そうした活況の中で、人気テレビシリーズの劇場版だけではなく、新海誠監督の『言の葉の庭』や細田守監督の『バケモノの子』など作家性が強い劇場オリジナル作品が公開されているのはたいへん喜ばしいことです。

ただ、声優の立場でこの状況を考えたらどうでしょうか？

近年、アニメ映画の世界では、プロモーションなどを目的に顔が知られた役者やタレントを声優として起用する流れがあり、その分、本職の声優のチャンスは削られています。

顔を出しての演技とアニメに声をあてる演技は大きな違いがあるので、アニメには専門的な技術を持つ声優を起用してほしいところです。でも、こうした現実は認識しておかなければなりません。

〈テレビアニメ〉

一般向けとアニメファン向け、2つのカテゴリーに分けられます。

①一般向け

夕方やゴールデンタイム、あるいは土曜日、日曜日の朝、主に全国ネットで放送されている作品です。

土日の朝は新作の放送もありますが、夕方やゴールデンタイムは『ドラえもん』や『サザエさん』など何十年も続いている作品が多く、新しい作品が生まれにくい傾向があります。安定した視聴率が稼げている番組を、あえて変える必要はないからです。

長寿番組の主要キャストは固定されており、新たにレギュラー出演を勝ち取るのは至難の業。でも何ごとにも永遠はありません。いつか主要キャスト交代のときがきます。ただ、運良くそうした仕事を得ることができても、その後が大変です。必ず旧キャストと比べられ、受け入れられるまでにかなり時間がかかるからです。**知名度が大きい作品に関わるには、ファンに認められるまでの苦労やプレッシャーに負けない強い精神力が必要**なのです。

一方、新作は若い声優にもチャンスがあります。

僕がプロデュースした『愛天使伝説ウェディングピーチ』では、メインキャラクター３人を選ぶオーディションを実施し、若手だった氷上恭子さん、宮村優子さん、野上ゆかなさんを起用しました。当時はまだ珍しかったと思いますが、彼女たちにはキャラクターと同じ衣装を着て歌ってもらうなど、ずいぶん作品のプロモーションに協力してもらいました。その後の３人の活躍をみると、この作品での経験は大きな意味があったと思います。**一般向け作品への出演は、ステップアップに繋がる貴重な機会。ゲストやその他役のチャンスは常にあるので、どん欲に挑戦すべき**でしょう。

②アニメファン向け

主に深夜帯に放送されている作品です。キー局ではない地方局で放送される場合もあります。

実は一般向けより制作費が少し高いことが多く、その分クオリティーの高さも求められます。なお、全13回（最近は12回の作品もある）という短期間の作品がほとんどであり、制作現場としては「慣れたころに終わってしまう」という状況。それゆえ非常に負担が大きいと問題になっています。

アニメファンが注目するため、声優としてアピールするにはとても重要なカテゴリーと言えます。メインキャラクターに起用されているのは、ほとんどが人気声優です。

〈ＯＶＡ（オリジナル・ビデオ・アニメーション）〉

ＤＶＤやＢｌｕ-ｒａｙでの発売を目的に作られる作品のことで、ＯＡＶ（オリジナル・アニメーション・ビデオ）と呼ばれることもあります。

映画とテレビの中間に位置付けられており、長期間かけて制作されるハイクオリティーな作品が多数あります。なお映画やテレビと区別するため、オリジナルと言いつつ原作がある作品もＯＶＡと呼ばれています。

ＯＶＡの全盛期は１９９０年代でしょうか。当時、学習研究社（学研）から「アニメＶ」というＯＶＡ専門誌が刊行されていました。僕がプロデューサーとして最初に手がけた『雲界の迷宮ＺＥＧＵＹ』というＯＶＡ作品では、メインキャラクター５人のキャストを誰にするのか「アニメＶ」で公募しました。結果、ヒロインは横山智佐さんに。ほか、日高のり子さん、山寺宏一さん、池田秀一さん、永井一郎さんと人気声優が選ばれ、アニメファンが大いに盛り上がったものです。

しかし、残念ながら現在、ＯＶＡはほとんど作られておらず、新作はテレビで先にお披露目する流れが一般的です。なぜなら、かつてアニメファンは、未見の作品を「見たいから」と購入してくれましたが、今は「見て、面白かった」作品を買う傾向が強いからです。

そうした状況の中でも、比較的自由に創作できるＯＶＡに強い思い入れを持つアニメ制作者は多く、僕もその１人です。２０１４年には、ＯＶＡの復権を目指して『サクラカプセル』という作品を発表しました。この作品は、アニメ業界の常識を覆すことをコンセプトに企画し、プロモーションに繋がる要素（営業的な売り）がほぼ排除された特異な作品です。とくに声優は、伊藤かな恵さん以外のメインキャラクターをプロ、アマチュア問わない全国公開オーディションで選ぶなど、実験的かつ挑戦的な手法で制作しました。

現状、**ＯＶＡに携われる機会は多くないですが、熱い現場なので参加できれば良い経験になる**ことは間違いありません。

〈配信アニメーション〉

インターネット配信される作品のことで、近年存在感を増しています。特徴は、映像制作ソフトなどを使って素人でも手軽に作品を発表できること。クリエイターがチャレンジしやすいということは、同様に声優にもチャンスがあると言えます。ぜひ、制作・出演の両方にチャレンジしてみてください。受け身の姿勢では何も起きません。能動的に活動してみましょう。

【ゲーム】

テレビゲームやパソコンゲームなど、ゲームに登場するキャラクターも声優が演じています。最近はスマートフォンなどでプレイするモバイルゲームが人気なこともあり、仕事が増えている分野です。パチンコ、パチスロもゲームの一種で、やはり声優の仕事が存在します。

アニメと大きく異なる点は、収録時の声優の人数。ほとんどの場合、１人きりなのです。つまり、何時間も１人でしゃべりつづけるので、強い喉が必要です。また、**演技を合わせる映像がないのもアニメとの大きな違い**です。

なお、ゲームとアニメには視聴に年齢制限があるアダルト作品もあり、多くの声優が参加しています。一般作と変わらない姿勢で臨む人、名前を変えて出演する人などスタンスはそれぞれですが、ある程度有名になると出演を控える声優が多いようです。

もちろん、アダルト作品に抵抗がある人は無理に関わる必要はありません。しかし一方で、新人は仕事を選ばないことも大事。出演すれば、何か得るものがあるはずです。

【実写】

海外の映画やドラマの吹き替えの仕事です。放送や配信が多様化する中で、今後も仕事が増えていく分野でしょう。

ところで、この分野とアニメでは演技の方向性がまったく違うことに気づいていますか？

アニメの場合、動きがなく口だけがパクパク動いている状態のキャラクターにさまざまな感情を乗せた台詞をあてることが多く、自ずと大きな演技になります。こうしたアニメの演技を役者の動きに当てはめると嘘っぽくなるので、吹き替えではもっと落ち着いた自然な演技が求められます。
この違いに戸惑う声優も多いので、頭に入れておいてください。

演じない仕事も

ここからは、「役を演じる」のではない声優の仕事を紹介します。

【その他】
〈ナレーション・アナウンス〉
テレビ番組のナレーションや街なかで聞こえてくるアナウンスなども、声優の仕事の一つです。

もし、テレビを見ていて気になるナレーションを耳にしたら、番組のエンディングで流れるクレジットに注目してみてください。

「あのキャラクターを演じていた声優さんだ！」

ということがあるかもしれません。

ナレーションには、わかりやすく読むとか番組に合わせたトーン・雰囲気作りなど、高度な技術が必要なため、専門的に活躍する人が多い分野でもあります。


〈ＭＣ〉

イベントや催しの司会の仕事です。

「声優なのになぜ顔出しの仕事を？」

と思われるかもしれませんが、声優をしていると、自分が関わった作品のイベントでＭＣを任されることはよくあります。

〈ラジオ番組〉

人気声優になると、ラジオで冠番組を持つ機会があります。こうした番組は「アニラジ」と呼ばれ一つの文化になっており、声優の重要な仕事なのです。

地上波では、文化放送やラジオ大阪が力を入れています。放送される時間は深夜帯が多く、事前に録音・編集した番組がほとんどです。

インターネット局としては音泉や響が有名。同じく事前収録の番組が主流ですが、昨今は静止画や動画を同時に配信する生放送番組も増えており、ニコ生放送など顔出しのＷＥＢ番組と区別がつかないようになってきました。

〈歌〉

主役級の役を演じるようになると、主題歌やキャラクターソングを歌う機会が出てきます。レコーディングだけではなく、生歌を披露するイベントなどもあり、今や歌は声優にとって重要な仕事になっています。
このような事情から、最近はオーディションの審査項目に〝歌〟が含まれるケースも増えています。つまり、声の質や演技力は申し分なくても、「歌唱力が足りない」という理由でオーディションに落ちてしまうことがあるのです。

〈音声ドラマ〉

最近、少なくなってきましたが、アニメのプロモーションの一環として制作されるドラマCDや、ラジオ番組内で流されるラジオドラマなど、音声ドラマも声優の仕事の一つです。ドラマCDはアニメより格段に安く制作できるので、アニメ化の前段階でマーケティングを兼ねて作られることもあります。
音声ドラマには、台詞、音楽、SE（効果音）という音の要素だけでドラマを成立させる優れた脚本が必要です。そして声優には、登場人物を判別しやすいような話し方や、聴いている人の頭に映像が浮かぶような演技が求められます。

収録は、アニメと同じく出演者全員が集まって行いますが、演技を合わせる映像がないのはゲームと同じ。キャスティングされたら演出家の指示をよく聞き、想像力を膨らませて演技しましょう。

〈イベント・ライブ〉

作品をプロモーションする上で、イベントはとても重要です。

「声の仕事だから、人前には出たくない」と考える声優もいるようですが、自分が携わった大切な作品を多くの人に知ってもらうためのイベントなので、前向きに取り組んでください。

人気が出てくれば、主題歌やキャラクターソングだけではなく、オリジナル楽曲のＣＤ制作や単独ライブのオファーが届くようになります。自分を応援してくれるファンのためにも、積極的に活動しましょう。

〈舞台公演〉

声優が、役者やタレントと同じように顔を出して演技することもあります。中でも多いのは舞台公演です。声優が集まって行う場合もあれば、既存の劇団に客演という形で参加することもあります。

映像に声を当てるのとは演技の方向性が違いますが、客前で演じる緊張感を体験できるなど勉強になる部分も大きいでしょう。

ただ、デメリットもあります。まず稽古でかなりの時間拘束されます。参加するなら声優の仕事に支障をきたさないように。また、チケット販売のノルマが課されることも多く、チケットをさばけないと「出演するのにお金は持ち出し」という状況に陥ったりします。舞台役者は、稼げないという点では声優よりさらに厳しい世界に身を置いているのです。

なお、事務所によっては、役者と同じように実写ドラマや再現ドラマ、CMなどに出演する仕事があります。最近、声優がバラエティー番組で活躍する姿もよく見かけますし、顔出しの仕事は増えていく傾向のようです。

〈グラビア〉

声優専門誌を見ればわかりますが、声優もアイドル顔負けのグラビアをやる時代です。若い声優にとって、人気の証とも言える仕事です。写真を撮られるのが苦手な人も、嫌がらずに前向きに挑戦しましょう。

グラビアの需要があるのは、声優にも魅力的な容姿が求められているから。そうであれば当然、歌唱力と同じように〝容姿〟もキャスティングの重要なファクターになってきます。

第2章 声優になるには

声優になるということ

「声優になりたいんです。どうしたらいいですか?」

若い人からよくこんな質問をされます。僕はこう答えます。

「まず、私は絶対声優になると覚悟を決めてください」

なぜなら、声優の道はとても厳しいからです。

分かりやすく説明しましょう。日本でトップの東京大学は、頭の良い人が相当勉強しないと入れない狭き門ですね。でも毎年、入学試験に合格して東大生になる人は3000名ほどいます。一方、毎年何人の声優がデビューするか正確にはわかりませんが、しっかり仕事ができるレベルの人が3000名を超えることは絶対にありません。つまり、ある意味、声優になることは東大に入るより難しいと言えるのです。

でも、諦める必要はありません。この本ではそんな狭き門をくぐりぬけて声優になるために、さらには声優として仕事を続けていくために必要なことをお教えします。

あなたが声優を目指すと決めたら、**最初にしなければならないのは、自分の夢を応援してくれる人を１人でも多くつくること**です。

声優を目指す夢を親が手放しで賛成してくれるケースは少ないと思いますので、まずは粘り強く親を説得しましょう。兄弟や祖父母、親戚の方に味方になってもらうのも良い方法です。とにかく、身近に自分を応援してくれる人をつくってください。

声優は言わば人気商売。身近な人に応援してもらえない人が、他人から応援してもらえるようになるのは難しいと思います。また、声優になるまでにはさまざまな助けが必要です。１人でも多く味方を増やし、皆に応援されながら夢に向かって進むのが理想的です。

学校選びに正解はあるのか

声優を目指す人の多くは、まず声優の専門学校や養成所に通います。じつは、そうしたところに通わなくても声優になることは可能です。ただ、声優事務所に所属する前に技術を身につけたり、コネクションを築いたりする手段として、学校や養成所で学ぶのはとても有効な方法です。

では、数ある声優学校や養成所のなかでどこへ通えばよいのか？

これはとても難しい問題です。なぜなら、どの学校や養成所にも良い点、悪い点があるからです。現在活躍している声優たちが、特定の学校や養成所の出身者に偏っていないのも「ここが良い」という答えがない証拠です。

気になる学校や養成所があれば、在籍経験がある先輩や知り合いに助言を求めるのもよいでしょう。でもそれは、あくまで他人の主観に基づいた意見に過ぎず、自分に当てはまるかはわかりません。参考にするのにとどめて、鵜呑みにするのはやめましょう。

そして当然のことですが、インターネット上に流れている情報は偏っていたり、誇張されていたりするので注意が必要です。さまざまな情報をしっかり分析して、自分に合う学校や養成所を見つけてください。

なお、養成所はできるだけ声優事務所が直接経営しているところを選んだほうがよいでしょう。ただ、**養成所に入れば、その後、自動的に事務所に所属できると思ってはいけません。**現実はそんなに甘くないのです。一般に、養成所の研修生から事務所の所属になるには厳しい審査があり、「今期は全員不合格だった」という話もよく聞きます。

東京の学校や養成所に通える地域に住んでいる声優志望者は、進路の選択肢が多いのでやや有利と言えます。

では、地方在住者はどうすればよいのか。思い切って上京するのも悪くないと思いますが、経済的な事情などで難しい人もいるはずです。

今は地方都市にも多くの声優学校があるので、そうした事情を抱えた人は、まずは1年か2年、近場の学校に通ってしっかりと声優の仕事を学び、決意が揺るがなかったら上京するとよいでしょう。地元の学校で、事務所に所属する道が拓ける可能性だってあるのです。

上京を決めると、さまざまな問題が浮上してきて不安になるもの。僕自身、アニメの仕事をするため20歳で上京し、専門学校に通った経験があるので、少しアドバイスします。

上京前の準備でいちばん大切なのはお金です。学費以外にも、住む場所を借りる、引っ越し、必要な家電を買いそろえるなど、おそらくあなたが想定しているより多額のお金が必要になります。もっとも費用がかさむ住居に関しては、友人とルームシェアをする、親戚の家に下宿させてもらうといった少しでも節約できる手段を考えましょう。なお、部屋を借りる際に保証人が必要な場合、ほとんどの人は親に頼むはずです。そうしたことを考えても、親の了解を得てから上京するのが賢明です。

無事に上京した後、多くの人は生活のためにアルバイトを始めますが、本来はその時間も声優になるための勉強に使うべきです。可能なら、**1年間はアルバイトなしで生活できる程度のお金を蓄えて**おいてください。ちなみに、もしアルバイトをするなら、まかない（食事）付きがおすすめです。

地方在住者が声優になるには「上京する」というハードルがあり、その分大変と言えます。でも、多くの味方をつくれば大丈夫。**若いうちは遠慮せずに親戚や知人を頼りましょう。**夢を叶えてから恩返しすればよいのです。

また、地方出身者がよく気にすることに〝方言〟があります。声優の仕事の多くはいわゆる標準語が必要とされますので、上京前からしっかり標準語が使えるよう訓練しておきましょう。

ただ、方言を忘れてしまう必要はありません。なぜなら、**方言が使えることは個性として武器になる**からです。例えば、僕が知る京都出身の声優は、ＣＭに出演する役者に京都弁の指導をしています。出身地とその地方の方言が使えることは、積極的にアピールしましょう。方言を生かした仕事に繋がる可能性があります。

学校や養成所に入ったら

声優学校や養成所は「どこへ行くか」よりも「そこでどう過ごすか」が大事です。ここからは、声優になるために学校や養成所でどう過ごすべきかという、心構えについて書きます。

もし、あなたが「できれば声優になりたい」「同じ趣味の友人を作りたい」

といったフワフワした気持ちで学校や養成所に通うなら、楽しく授業を受け、同級生と積極的に交流してください。

でもあなたが**「絶対プロの声優になる」と決めているなら、極論かもしれませんが、同級生と仲良くする必要はありません。**なぜなら、同級生よりも仲良くしなければならない人が周りにいるからです。それは、学校であれば講師や担任の先生、養成所であれば講師や担当者（声優事務所のマネージャーを兼ねている場合が多い）です。

学校や養成所の講師は、現役の声優や音響監督（声優の演技や音楽など、アニメの〝音〟に関するパートを演出）が務めている場合が多く、親しくなれば仕事に繋がる可能性があります。

担任の先生は、業界であなたが最初に出会う目上の人でしょう。積極的に話しかければ、仕事をするうえでとても重要な年長者とのコミュニケーションを訓練できます。さらに親しくなれば、学校に仕事の話がきたとき声をかけてくれる可能性もあるのです。

マネージャーは、事務所に所属した後、仕事を持ってきてくれる人ですから、仲良くするべきなのは言わずもがなですね。

一方、同級生は基本的に競争相手です。声優の仕事は全体として増加傾向にありますが、声優を目指している人はそれ以上に増えています。つまり、同級生が役を得たら、あなたはあぶれる可能性があるのです。

ところで、講師や担当者など目上の人と積極的に話をして、同年代の友人を作ろうとしないと、周りから「付き合いが悪い」「こびを売っている」と言われるかもしれません。ともすると、いじめを受けたりするでしょう。

でも一切気にしないでください。学校や養成所にいる期間は長くても数年。卒業後何十年と声優の仕事をすることを考えれば、それは一瞬です。

逆に、同じように目上の人と仲良くなろうとする同級生がいたら、その人こそライバルです。おおいに意識して、切磋琢磨してください。

学校や養成所では、どんな小さなことにも真剣に取り組む姿勢が大事です。自分の力を１２０％出すつもりで臨んでください。そうして学んだことはもちろん、力を出し切るという経験も仕事をするようになったとき必ず役に立ちます。

授業を真剣に受け、課題をしっかりこなすのは当たり前です。さらに、一つ提出すればよい課題を二つも三つも出すなど、わかりやすくやる気をアピールするといいでしょう。アルバイトは必要最低限に抑え、とにかく学業に励むべき。声優としての基礎を集中的に学び、事務所に入ったらすぐに現場に出られるぐらいの力をつけてください。

プロのスタートライン

学校や養成所を卒業したら、次に悩むのが事務所選びです。

「おすすめの事務所を教えてください」

これもよく聞かれる質問。僕の答えは、

「あなた次第です」

つまり、**自分の方向性に合った事務所を探して**ほしいのです。

あなたが声優としてどんな仕事がしたいか、よく考えてください。アニメの仕事ですか？　実写の吹き替え？　それともナレーション？　それぞれのジャンルに強い事務所があります。

各事務所の個性は、所属声優の実績などからある程度探ることができます。興味のある事務所にコンタクトをとって、今後の方針などを聞くのもいいでしょう。

声優志望者のほとんどは大手事務所への所属を希望しますが、僕は必ずしも大手が良いとは思いません。大手事務所にはネームバリューがあり、魅力的な仕事に関わっていたり、有名な先輩が多数在籍していたりしますが、同時に所属声優が多く事務所内の競争が激しいという側面もあります。

逆に、小さな事務所は所属人数が少なく、仕事の話がきたとき自分に回ってくる可能性が高いとも言えます。

そもそも、必ず希望の事務所に入れるわけではありません。たとえ希望とは違っていても、受け入れてくれる事務所があればありがたく所属させてもらうべきでしょう。

なぜなら、**事務所に所属するのは「プロとしてスタートラインに立った」ということに過ぎず、その後の仕事一つひとつが本当の勝負**だからです。最初に所属した事務所でしっかり経験を積みスキルを上げてから、希望の事務所への移籍を模索することも可能です。

例えば、『超変身コス∞プレイヤー』のミコレイヤー役などで知られる松来未祐さんは、アクセントという事務所から81プロデュースへ移籍しました。アクセントは歴史があるすばらしい事務所で、アニメよりもナレーションやMCの仕事に強いのが特徴です。でも彼女は「アップ」という新人オーディション企画を通して僕と知り合ったころから、アニメの世界でもっと活躍したいという思いを強く持っていました。その思いを胸に抱きながらキャリアを積み、タイミングを見計らってアニメの仕事に強い81プロデュースへの移籍を果たしたのです。

なお、ときどき「事務所に所属すれば仕事がもらえる」と考えている人がいますが、それは大きな勘違いです。希望の事務所に所属できても開店休業状態の人がほとんどという厳しい現実は知っておきましょう。

何度も言いますが、「声優になる」という夢は、事務所に所属してからが本当のスタートなのです。

では、どこの事務所にも入れなかった場合、いつまで声優を目指し続けるのか？

これも非常に難しい問題。

声優には定年もなければ、性別による差別もありません。ある程度の年齢になってから花開く人もいます。でもそれはごくまれな例です。

昨今、声優はだいたい30歳を過ぎると実力派への移行を迫られます。例えば25歳でデビューすると、一人前になるまでに3年と考えても花開くのが28歳。あと2年しかない30歳までに、キャスティングする側が「この人でなければ」と思う〝武器〟を身につけなければなりません。養成所を渡り歩きながら何年も事務所入りを目指している人を見かけますが、残念ながらそんなことをしているうちに状況は悪化する一方です。

声優を目指す人は今すぐ行動してください。１年とか２年とか自分で期限を決め、その間は声優になることに専念し、最大限の努力をしてください。

それでも事務所に入れなかったら、すっぱり夢を諦めるべき。僕はそう考えています。

第3章

声優が役をつかむまで

さまざまなキャスティング

キャスティング（配役）はどのように行われるか？

声優を目指す人や駆け出しの声優にとって、いちばん気になる部分ではないでしょうか。この章では、役の大きさなどによって異なるキャスティング方法を解説します。

まずは、４つに分けられる役のカテゴリーを整理しておきましょう。

A＝主役

作品の主人公、もしくはそれに類するキャラクター。１人の場合も、複数の場合もある。昨今、盛んに制作されている美少女アニメは多くの場合、主役級の美少女キャラクターが３人、５人など複数なので、その分、女性の声優はチャンスに恵まれている。

B＝脇役

主役ではないが、名前のあるキャラクター。登場人物のほとんどはこのカテゴリーに属する。

C＝その他

名前はないが、一言でも台詞のあるキャラクター。例として、生徒A、通行人など。

D＝ガヤ

オーディエンスと言われる群衆の声。決まった台詞はなく、その場面に適したことをアドリブで話す。目立ってはいけないし声が小さすぎても意味がない、意外に難しい仕事。例として、パーティー会場の雑談、スポーツ観戦客の声援など。

新人にチャンスがあるのは、ほとんどCかDの仕事です。

では、このA～Dのキャスティングはどのように行われているのでしょう。


【オーディション】

主にAを決める際に行われます。オーディションには、クローズド、オープンなど、これまたさまざまな方法があるので、後で詳しく説明します。


【原作関係者が決める】

AやBのキャストは、アニメの原作になっている漫画や小説の作者、ゲーム制作者の意向で決まることがあります。当然、その人が知っている範囲から選ばれるので、名前が挙がるのはどうしても人気声優に偏ります。

なお、原作者の意向は、アニメ化する上で最大限尊重されるべきですが、現実的には予算やスケジュールの都合もあり、すべての要望を実現できるわけではありません。

大ヒット少女漫画をアニメ化した『LEGEND OF BASARA』では、原作者の田村由美先生が執筆中からイメージされていた配役をほぼ実現できました。その結果、井上和彦さん、速水奨さん、塩沢兼人さん、小杉十郎太さん、玄田哲章さんといった豪華なメンバーが顔をそろえたのです。

ただ、主人公の更紗役のみオーディションが行われ、若手の木村亜希子さんが選ばれました。更紗は「殺された双子の兄・たたらとして生きている女性」というとても難しい役どころ。収録でそうそうたる顔ぶれに囲まれ、彼女は尋常ではないプレッシャーを感じたと思いますが、その中で多くを学び、声優として大きく成長しました。

【主要な制作関係者が決める】

監督、音響監督、プロデューサーなどが協議したり、ときにはそれぞれの責任で決めたりします。

とくにBは、まず主役を決めた後、似た声質の声優ばかりにしないなど全体のバランスを重視しつつ、予算、スケジュールといった事情も加味して制作関係者が決めていきます。また、この方法でAのキャスティングを行うこともあります。

かつてポプラ社が発行していた漫画雑誌「月刊コミックブンブン」の付録アニメ『学校の怪談』は、プロデューサーの僕にキャスティングが一任された作品です。古いつきあいで信頼している岸尾だいすけさんや園崎未恵さんに出演してもらいました。

こうしたエピソードを話すと誤解されることが多いのですが、たんに「仲が良いから」という理由で声優を起用することはありません。作品のクオリティーを第一に考え、自分が知っている声優の中からもっとも役に適した人を選んでいます。

【音響の制作関係者が決める】

CとDは、音響監督や音響の制作担当者が決めます。

まず顔見知りの声優が候補に挙がりますが、そうするといつも同じキャスティングになりがち。そこで、仲の良い事務所のマネージャーに声をかけ、その他役やガヤで男性○名、女性○名と候補を出してもらうことがあります。この場合、よほどのことがないかぎりマネージャーが推薦した候補をそのまま採用します。

新人はこうしたケースでデビューすることが多いでしょう。マネージャーが名前を挙げるのは当然、自分が期待している若手。やはりマネージャーに気に入られることはとても大事なのです。

なお、音響の制作担当者は、スケジュール調整や予算の管理を任されています。スケジュールと予算は、どちらもキャスティングに大きく影響を及ぼす要素。つまり、彼らはキャスティングにおけるキーマンと言えるのです。

ちなみにフリーの声優は、音響監督や音響の制作担当者と直接コネクションがないかぎり、CやDに声がかかることはありません。

つまり、新人声優の最初の仕事になるC、Dの役を得るには、まず事務所に所属する。そのうえで、日ごろからマネージャーと交流し、気に入られなければなりません。もちろん必要な実力を備えていないと、どんなに気に入られていても現場に出してもらえませんが。


【すでにキャスティングされている】

ゲームが原作のアニメは、ほとんどの場合、ゲームのキャストを引き継ぎます。キャストを変更することもありますが、それは変更に伴うデメリットを考慮してもなおそうする必要があったときに限られます。

ちなみに、ゲームのキャスティングはアニメとほぼ同じ方法で行われますが、アニメ以上に制作関係者や事務所の力が強く働く傾向があるようです。

なお、キャストの変更は、ドラマCDがアニメ化される際にもときどきあります。できるだけ予算を絞って制作するドラマＣＤと、費用をかけてでも人気声優を起用してプロモーション効果を狙うテレビアニメでは、キャスティングに対する考え方が違うので、声優を変えるという選択も珍しくはないのです。

「出演したドラマＣＤがアニメ化されると知って期待していたのに、別の人がキャスティングされた」

と落ち込む若手声優のエピソードはよく耳にします。アニメ化の際、外されないためには、実力とともに人気も備えた声優になるしかありません。

このように**キャスティングにはさまざまなパターンがありますが、どのような形にしろ、関係者の誰かに自分の顔を思い浮かべてもらわないと候補者にすらなれません。**

やはり、最初に仕事をくれるマネージャーをはじめ、音響監督、音響関係の制作スタッフらと仲良くなることが、とくに新人時代は重要なのです。

オーディションの傾向と対策

ここからはオーディションについて詳しく説明します。

声優としてステップアップするために、オーディションは大きな意味を持ちます。

ではそのオーディションの情報はどう入手するのか？

事務所に所属していれば、事務所にオーディションの話が届くのを待ちましょう。ただ、すべての事務所に話がくるわけではないので注意してください。また、話がきた事務所の所属声優全員がオーディションに参加できるわけでもありません。**貴重な機会を逃さないため、事務所内で常にオーディションに参加させてもらえる立場を築いて**ください。

中には、声優自身が探してきたオーディションに参加することを容認している事務所もあります。フリーの声優は、インターネット上に公開された情報を探すしかなく、この点でも事務所に所属することの優位性は明らかです。

通常、オーディションは主役を決める際に行われることが多く、新人にはほとんど縁がありません。しかし、前述した『愛天使伝説ウェディングピーチ』や『LEGEND OF BASARA』のように、新人が参加できるケースもあります。もちろん、着実に仕事をこなしていけば、いずれ誰にもチャンスは巡ってくるでしょう。

そのチャンスを生かすための傾向と対策を〝選ぶ側〟目線で紹介します。まず、いくつかあるオーディションのパターンを見ていきましょう。

【クローズド（プロが対象）】

制作サイドが、作品の方向性や営業的な見地からある程度絞り込んだ候補者たちに参加を働きかけるオーディションのこと。

なぜ、はじめから候補者を絞り込むのでしょうか?

いちばんの理由は、候補者があまりに多いと、書類に目を通したり、ボイスサンプルを聴いたりするだけでかなり時間を取られてしまうからです。その一方、候補者が多いほど作品の良い刺激になる声優が見つかる可能性も高いので、時間をとるか可能性をとるか、難しいところです。

また、出演声優のネームバリューは作品の認知度を上げることに大きく貢献するので、営業的見地から声をかけられるのは人気声優だけというオーディションもよくあります。その場合、候補者は言わば〝ご指名〟された声優たちなので、書類審査は行われず、キャラクターの声を演じるといったことで審査されます。

【オープン(プロが対象)】

作品の概要やキャラクターのプロフィール、その他の条件を各事務所に提示し、参加者を募るオーディションです。ここで勝ち抜き、役をつかむことが声優にとって大きなターニングポイントになります。

見逃してはいけないのが「その他の条件」です。具体的には、
・テレビアニメの場合、収録曜日（決まっていれば）
・主題歌やキャラクターソングの歌唱
・ラジオ番組出演
・イベント出演
・顔出しのプロモーション
・他作品への出演の制約
・その他スケジュール拘束
といったものです。

声優のオーディションでありながら、声の仕事とは直接関係なさそうな項目が多いことに気づきますね。これらをしっかり意識して、日々精進しておくことが大事です。

なお、オープンといっても、すべての声優事務所に参加を募るわけではな

く、制作スタッフが仲の良い事務所に声をかけるのが一般的です。声をかけられた事務所は所属声優の中から候補者を選び、プロフィール、写真、ボイスサンプルを提出します。今は作品のプロモーションに主演声優が顔を出す活動は不可欠なので、声優のオーディションでも写真は必須です。

誰を参加させるか決めるのは、小さな事務所であれば社長の場合もありますが、通常はマネージャーです。ここでも、マネージャーと仲良くし、気に入られることが重要だとわかります。

1次審査は、各事務所が推薦する候補者のプロフィール書類やボイスサンプルを資料に行われます。審査員は、プロデューサー、原作者、監督、音響監督、音響制作担当者などで、歌の審査があれば音楽のプロデューサーも加わります。皆で資料を見て、聴いて、どの人を2次審査に呼ぶか合議します。

もし、1次審査で審査員の意見が一致し合格者が決まれば、2次審査が省略されることもあります。また、その合格者に直接会って詳細を確認することだけを目的に2次審査が行われることも。いわゆる〝出来レース〟ですね。その場合、時間短縮のため呼ばれる声優の人数は少なくなります。

逆に、審査員の意見が分かれて絞りきれないときほど、2次審査に呼ばれる人数は増えます。また、優秀な若手の発掘を目的に多めに呼ぶこともあります。つまり、ライバルが多い2次審査のほうが、じつは大きなチャンスとも言えるのです。参加することになったら、けっして気を抜かないでください。たとえ狙った役に選ばれなかったとしても、ここで力が認められれば、その後の声優人生が変わってきます。

【オープン（プロ、アマチュア問わず）】

まれにですが、プロ、アマチュアを問わずに広く一般から参加を募るオーディションもあります。

『サクラカプセル』というOVA作品では、メインヒロインの5人を全国5つの地区で実施するオーディションで1人ずつ選ぶという異例の方式を試みました。

最終的に選ばれた5人は全員アマチュアの方です。ある種の〝フレッシュさ〟が武器になったのかもしれず、プロにとってはなんとも皮肉な結果でした。おそらく、商業目的のアニメでメインの声優5人すべてが素人という作品は、ほかにないと思います。

なお、オーディションで審査をする側には、それぞれの立場ごとに考え方の傾向があります。

プロデューサーは、製作委員会（作品の制作費を出している会社の集合体）や営業を代表する立場として、プロモーションの効果を高めてくれる声優を選びたい気持ちがあります。ですから、候補者のルックスや歌唱力、トーク力に加え、ハードなプロモーション活動に耐えられる体力や、前向きに取り組んでくれる人柄を重視します。

原作者は、何より自らが創造したキャラクターのイメージと合うかに重きを置きます。

監督は、自分の演出に応えられる演技力を求めます。

音響監督には、候補者たちの声質が似すぎていないかチェックする、新人ばかり選ばれそうならベテランも織り交ぜるといった全体のバランスを考える役目があります。

こうした**オーディション関係者の考え方を知っていれば、審査員席の誰に、何をアピールすればよいのか、自ずと見えてくる**のではないでしょうか。

2次審査の準備

本番形式で行われる2次審査までこぎつけたら、役を勝ち取るまであと一歩。演技についての技術的なアドバイスは、ほかの本や声優学校の先生にお任せし、ここでは数多くのオーディションに立ち会ってきた僕が、実践的な対策を伝授します。

まず、**作品に原作本や原作ゲームがある場合は必ずすべて読む、あるいは最後までプレイして**おきましょう。これは当然のことだと思いますが、意外に実行できない参加者が多いのです。ということはつまり、しっかり実行して演技に生かすとか、うまくアピールできれば、ライバルに差をつけることができます。

同様に、**プロデューサー、監督、音響監督が事前に分かっていれば、その人たちが携わった作品はできるだけ見て**おいてください。もし、感想を伝える機会があればチャンスです。必ずほめましょう。どんな駄作でも良いところはあるものです。自分の作品をほめられて嫌な人はいませんよね。

また、事務所のマネージャーが制作関係者と親しければ、事前に審査員の人柄や好みを聞いておくのもよいでしょう。質疑応答などの際、思いのほか役立つはずです。

課題の台本は事前に渡されるので、よく練習して当日を迎えましょう。その際に**気をつけてほしいのは、自分の解釈で役を作りすぎないこと**です。役の解釈は人によって違うもの。自分の解釈が審査員と違っていた場合、現場で軌道修正するのはとても難しく、せっかくの努力がかえって仇になります。練習は、あくまでも台詞をきちんと発するために行ってください。事務所の先輩やマネージャーにアドバイスを受けてもよいでしょう。

最近は、多くのオーディションで歌の審査も行われます。課題曲があればその曲を練習して臨むのですが、自分で曲を選べる場合、どんな曲を歌うかが重要です。正直、「なぜこんな難しい曲を……」と首をかしげることが多いのです。**好きな曲ではなく、歌いやすくて上手く聞こえる曲を選んで**ください。

２次審査に参加する際は、服装にも気を配りましょう。人と会うのですから、やはり見た目の印象も大切です。どんな格好が望ましいかは審査員のタイプによるので、マネージャーとよく相談して決めてください。

また、審査会場に行ったことがなければ、事前に下見しておきましょう。学校の受験と同じでオーディションは一発勝負。遅刻したらすべて終わりです。家から会場までの道のりと所要時間を確認し、当日は少々電車が遅れても間に合うよう、早めに会場へ向かってください。

当日は自信を持って

そして、いよいよ2次審査当日。

十分準備をしたでしょうから、まずは落ち着いてください。慌てても何も良いことはありません。

会場に入ったら、その場に誰がいても元気よく挨拶をしましょう。元気すぎるのもどうかと思いますが、覇気がないのは大きなマイナスです。

一つの役に、５人から10人の候補者がいます。ロビーなどで待つ間、ライバルたちが自分より優れていそうに見えるかもしれませんが、こうしたときは自分もまたそう見られているものです。

力が拮抗しているからこそ審査するのです。それを忘れないでください。前述したような〝出来レース〟がないわけではありませんが、基本的に選ばれる可能性がない人はその場にいません。自信を持ちましょう。

２次審査は本番形式で行うことが多く、録音ブースにマイクを立て、１人ずつ課題の台本を読んでいきます。ほとんどの場合、台詞を合わせる映像はないので、台本に集中できます。

調整室という場所では、審査員があなたの演技をチェックしています。ブースと調整室がガラスで仕切られていて審査員の姿が見えたりしますが、あまり気にしないようにしましょう。

審査員は１次審査とほぼ同じメンバー。彼らのさまざまな指示が、トークバックと呼ばれるブース内のスピーカーから聞こえてきます。慌てずその内容をよく聞いて、何を指摘され、何を求められているのかを考えてください。短い時間で頭をフル回転する必要があります。ちなみに、審査員たちの指示を代表して伝えるのが音響監督です。キーマンなので、顔を覚えておくとよいでしょう。

歌唱の審査がある場合、上手く歌うことと同じぐらい、楽しく歌うことが大切です。少々下手でも歌への情熱が感じられれば、審査員は好意的に受け止めるものです。

質疑応答があれば、貴重なアピールタイムと考えて最大限活用しましょう。もっとも大切なのは、自分がこの作品に出演したい、この役を演じたいという気持ちをストレートに訴えることです。審査員はあなたの人間性を知りたいので、自分の個性を強く出すことも良い結果に繋がるでしょう。

なお、審査の資料に使うため、動画や写真を撮影することもあります。照れずに精一杯自分をアピールしてください。日ごろから、被写体になる練習をしておくとよいかもしれません。

すべての審査は10分程度で終わります。審査が終わると次の候補者に交代しますが、去り際も忘れずに「ありがとうございました」と気持ちよく挨拶しましょう。

最後の候補者のオーディションが終わると、僕ら審査員はそのまま協議に入ります。

審査員それぞれの考えがあるので、１次審査と同様、合格者が満場一致で決まることはほとんどありません。ときには数時間にわたり、侃侃諤諤の議論を続け、なんとか結論を導き出すのです。それでも結論がでないと、５人のキャストを５人の審査員がそれぞれ１人ずつ決めるというような荒技が使われたりします。

ただ、必ずもめるわけではなく、意見が一致してすんなり決まる場合もあります。僕のプロデュース経験の中では、竹下堅次朗作のコミックスをアニメ化した『Ｈａｐｐｙ Ｗｏｒｌｄ！』という作品がそうでした。

オーディションで選ばれたヒロイン・エル役の花村怜美さんは、当時まだ高校生でした。声優としての経験がほとんどなく、演技は未熟でしたが、それがかえってエルのキャラクター性にぴったり合っており、審査員全員が「彼女しかいない」と思ったのです。

花村さんとエル、収録を重ねるほど双方の成長がシンクロしていき、自然と物語の説得力は増しました。僕自身のベストキャスティングと言える作品です。


ここまで説明してきたように、オーディションの合格者は、実力はもちろん、そのほかのさまざまな要素が複雑に絡んだうえで決まっています。**同じ作品、同じ参加者でも、審査員が異なれば違う結論が出る**でしょう。

つまり、オーディションに合格しなくても落胆する必要はないのです。また逆に、合格したからといってほかの候補者より優れていると考えるのも間違いです。ほとんどの審査員から落選という評価を受けていた候補者が、たった1人の審査員の強烈なプッシュによって役をもらうケースも少なくないからです。

オーディションで狙っていた役は逃しても、ほかの役に起用されるとか、良い印象を抱いてくれたスタッフから別の作品に呼ばれるといったことはよくあります。

もう15年ほど前に知り合った水樹奈々さんも、そんなチャンスをつかんだ1人でした。当時、彼女は『HAPPY★LESSON』という作品のヒロインを決めるオーディションに参加しましたが、残念ながら落選しました。でも、彼女がとても魅力的だったので、六祭みなづきという別の役を演じてもらうことにしたのです。

その後、年末の『紅白歌合戦』へ出場するまでになった彼女の活躍はよく知られています。スターになる人は、若手のころから思わず惹きつけられてしまう魅力を持っているものだなと、あらためて感じました。

オーディションにおいて大切なのは、短い時間の中でキャスティングボードを握るスタッフに向けて、どれだけ自分の魅力をアピールできるかです。

そのアピールが、どんなチャンスに繋がるかわからないのですから。

第4章

声優の現場

一堂に会して行うアフレコ

この章では、主な仕事現場の様子を具体的に紹介します。若い声優には、それぞれの現場で注意すべきことがあります。

まずはアニメの現場から。

アニメ制作で声優が映像に声をあてる作業を、アフレコ（アフターレコーディング、ARと表記することも）と言います。日本のアニメは、先に映像を制作し、後から声を入れるアフレコが一般的です。

海外では、先に収録した声に映像を合わせるプレスコ（プレスコアリング）という手法も使われますが、ここでは日本のスタンダードであるアフレコについて、毎週放送されるテレビアニメを例に説明します。

30分のテレビアニメだと、オープニング、エンディング、予告などを抜いた本編の尺（長さ）は22分程度になります。その22分のアフレコを、毎週決められた時間、決められた場所＝スタジオに出演者全員が集まって行います。収録前、出演者にはアフレコ台本と確認用の映像が渡されますから、自分の出番を確認し、しっかり練習しましょう。

確認用の映像はアフレコ本番に使用される本編映像です。ただ本番用の映像が確認用から一部変更されることもあるので、その場合は現場で柔軟に対応してください。

アフレコ台本について。とくに決まりはありませんが、表紙にはタイトルと作品のキャラクターのイラスト、アフレコとダビングの日程やスタジオ名などが記載されています。表紙を開くと、メインスタッフや出演者のリストがあります。ここに名前が載れば一人前ですね。

台本の中身は縦書きです。横書きの文章に慣れていると戸惑うかもしれませんが、台本には縦書きが適しています。

台本に記されたCで始まる数字はカットナンバーのこと。絵コンテの段階で付けられ、映像制作の際に使う番号です。収録現場で、例えば音響監督が「カット12をやり直し」などと指示するとき、この番号を使います。

ページ上段には映像の説明が書かれています。そして下段が、声優にとって重要な音声について。役名と台詞、SE（効果音）の指示などが記されています。

ときどき、台詞の前にOFF（あるいはオフ）と書かれていることがあります。これは、台詞を発するキャラクターが画面の中にはいないことを示しています。モノはモノローグ（独白）の略で、キャラクターの口パク（台詞を話す口の動き）がない場合が多いですね。絵がないOFFと口パクがないモノ、どちらも台詞を入れるタイミングが難しいので、演技する際は音響監督の指示を仰いでください。

アフレコ台本は、皆さんにとって大事な仕事道具です。大切に扱うことはもちろんですが、同時に音響監督の指示を書き込むなどおおいに活用しましょう。

アフレコはほとんど平日に行われ、イベントなどが入りやすい土曜日、日曜日は避けられます。拘束時間はおよそ5時間。通常は、10～15時か16～21時のどちらかのパターンで行われます。スケジュールは余裕を持って組まれており、予定より早く終わることもあります。電車の遅延などもありうるので、とくに若手のうちは早めの現場入りを心がけてください。

そして、現場に着いてスタッフや共演者と顔を合わせたら、

「おはようございます。〇〇（所属事務所名）の〇〇です。今日はよろしくお願いします」

としっかり挨拶しましょう。当たり前のことですが、これができず先輩や関係者に悪い印象を持たれてしまう若い声優が少なからずいます。一度良くないイメージがついてしまったら、それを払拭するのは簡単ではありません。

アフレコで注意すべきこと

アフレコの様子は、映像ソフトの特典になったメイキング映像などで目にしたことがあるかもしれませんね。声優は、録音ブース内に立てられた数本のマイクに向かい、前方のモニターに流れる映像に合わせて演技します。〝金魚鉢〟と呼ばれるブースは完全防音になっており、入り口の重く分厚い扉を閉めると、そこは外界と完全に遮断された無音の世界。この独特な空間が僕は苦手ですが、声優になればすぐ慣れるはずです。

監督や音響監督などのスタッフは、ブースとガラスで仕切られた調整室（コントロールルーム）にいます。声優は間違ってこの部屋に入らないよう注意をしましょう。

調整室で、音響卓と呼ばれるつまみやレバーが並んだ装置を操作しているのは、オペレーターやそのアシスタント。最近はパソコンを操作していることも多いです。

その横か後ろに座っているのが音響監督です。トークバック（スピーカー）を通してブース内の声優に指示を出したり、ナレーションなど映像がない場合に収録の開始や終了のタイミングを指示するｑｕｅ（赤いランプ）を押したりしています。

スタジオのつくりによりますが、ブースに近い音響卓の前か、逆に一番遠い音響監督の後ろに座っているのが、監督、プロデューサー、原作者といった人たちです。

本番前は静かに気持ちを落ちつかせましょう。慣れない現場だと緊張もするでしょうが、しっかり**練習してきたことを思い出し、自信を持ってアフレコに臨みましょう。**

ブースの内壁に沿って置かれた椅子には、待機中の声優が座ります。出番が近づくとマイクのそばに行き、演技が終わると席に戻るという流れです。

このとき気をつけるのは、移動の際に足音や衣擦れの音をたてないこと。そして、高さに差があるマイクの中から身長に合うものを選ぶことです。

複数の声優がほぼ同時に行うマイクへの出入りは、迅速かつ慎重に動かなければならず、ある意味、演技以上に大変かもしれません。先輩の動きをよく見て、スムーズなマイクワークを学んでください。

収録中は、台本のページをめくる際の音に注意しましょう。ほかの人が台詞を入れているとき、気が緩んでページをめくる音を出してしまう声優がいるのです。

また、お腹が鳴ってしまう声優もいます。この音、ブース内ではわかりにくいのですが、調整室ではしっかり「グー」と聞こえています。初めての現場や慣れていない現場だと、収録前は緊張して食事がのどを通らないかもしれませんが、無理にでも何かお腹に入れておきましょう。スタジオ内やロビーに置いてあるお菓子は、お腹がなった声優が食べるためのものです。

移動音、台本のページをめくる音、お腹の音は、アフレコ時の3大ノイズです。十分に注意して、ほかの出演者やスタッフに迷惑をかけないようにしましょう。

なお、アフレコ中、自分の出番がないとロビーに出てスマートフォンを触っているような声優もいますが、ベテランならともかく（ベテランでも良いことではない）若手のうちは絶対にやめてください。ブース内にいてほかの出演者の演技や動きを見ることは、とても勉強になるからです。

休憩中は逆に、外に出て新鮮な空気を吸うなり、ロビーで**ほかの声優やスタッフの会話に耳を傾けてもよいでしょう。何気ない会話の中に仕事のヒントがあったりします。**

自分の出番が終わっていて少しでも余裕があったら、周りをよく観察してみてください。もし、関係者に声をかけられるようなことがあれば、チャンスと思って積極的にコミュニケーションをとってみましょう。

狭い業界ですから、その人とまた別の現場で遭遇する可能性は高い、いや必ず会うと断言できます。**現場にいる人の顔と名前をすべて覚えれば、仕事をしていくなかできっと役立つ**はずです。

アフレコが終わった後は、先輩たちが帰るのを「お疲れ様でした」と元気よく見送り、自分は最後に帰るようにしましょう。おそらく台本はもらえるので記念に持ち帰ってもよいですが、確認用の映像については忘れずに返却しましょう。

アフレコ時の映像

収録は映像に合わせて行うので、基本的にストーリーの流れに沿って進行します。これは、ロケやセットの都合でストーリーの流れと撮影シーンの順番が異なる実写ドラマなどとは違う部分です。

声優は、映像と台本の両方を見ながら演技していくわけですが、これは想像以上に難しく、高度な技術が必要です。台本を注視しすぎて台詞の入りが遅れる、映像に気を取られマイクの位置からずれてしまうなど初めのうちは失敗がつきもの。でも、訓練すれば必ずできるようになります。

なお、演技を合わせる映像は本来完成しているべきですが、制作が間に合わないことも多々あります。そういう場合、声優は線撮《せんどり》という色がついてない映像を見て演技をします。

この線撮にも段階があり、原撮《げんさつ》や動撮《どうさつ》と呼ばれ着色前の絵を撮影した映像だとまだ登場人物の動きや表情が読み取れますが、絵コンテを撮影しただけのコンテ撮《さつ》は、どのような映像か理解しにくいものです。

じつは、キャラクターや背景などがきちんと描かれた一般の方がイメージする絵コンテは、出版や特典など外向けのものがほとんど。現場では、キャラクターの判別も難しいようなラフな絵コンテを使うこともあります。それを撮影した映像ですから、当然分かりにくいですよね。

そうした状態の映像には、画面上にマルセという台詞のタイミングを知らせる漫画の吹き出しのような表示を入れたり、台詞を発する箇所を教える色つきの線を引いたりします。

若い声優の中には、この線撮の映像に慣れてしまい、完成された映像だと演技のタイミングが分からないという人がいます。もちろん、問題なのは線撮を使ったアフレコの常態化ですが、そんな奇妙な癖がつかないよう注意してください。

また、映像にはタイムコードと呼ばれる時間表示が入っていることもあります。このタイムコードを基準に台詞のきっかけを練習する人もいますが、本番用と練習用でタイムコードが違うケースもあるので、映像そのものを見て練習したほうがよいでしょう。

映画やOVAのアフレコも、作品の尺によって拘束時間が変わること以外は基本的にテレビアニメと同じです。

実写の吹き替えも収録方法は同じ。アニメとはまた違う独特な魅力がある仕事なので、機会があればぜひ挑戦してみてください。ちなみに、実写の吹き替えにおいては、アフレコではなくアテレコと呼ぶことがあります。

ダビング見学のススメ

アフレコの後の作業がダビング（ＤＢと表記されます）です。これは、収録した台詞に効果音やＢＧＭをミックスする作業のことで、通常はアフレコの翌週に行われます。なお、スタッフを効率的に動かすため、アフレコとダビングは同日に行うケースがほとんど。例えば午前中にアフレコした第１話のダビングは、翌週、第２話のアフレコ終了後の午後にといった具合です。

ダビングは声優に直接関係のない作業ですが、スタッフに断られないかぎり、見学してください。前述のとおり、アフレコと同じ日に行われることが多いので、その日は終日、体を空けておくのがいいでしょう。

見学するべき理由は二つあります。まず、アニメがどのように制作されているかを学ぶため。もう一つは、前週に収録した自分の台詞がどう使われているのか確認し、次の収録に生かすためです。

同じ台詞を何回か収録した場合は、どのテイク（収録した台詞）が使われたのかを確認しましょう。必ずしも最後のテイクが使われるわけではありません。可能なら、音響監督に使われたテイクの何が良く、それ以外の何がだめだったのか聞いてみてください。もし自分のテイクの違いが分からないなら、声優としてスキルが足りていません。もっと聞く耳を鍛えましょう。

僕は、**演技力で重要なのは〝話す力〟ではなく〝聞く力〟**だと考えています。

絵の世界では〝描く力〟ではなく〝見る力〟が重要だと言われます。絵が下手な人は描くのが下手なのではなく、物を正確に見る力が不足しているそうです。歌の世界も同様で、音痴の人は自分の歌を聞いても下手なことがわからないとか。

絵も歌も、演技も同じで、上手く表現するにはまず、対象物や自他の表現を正確に把握し、理解する力が必要です。声優に当てはめると、例えばイントネーションの誤りを指摘されたとき、正しいものとどう違うか理解できなければ直すことはできませんよね。演技力や表現力を向上させるためには、まず〝聞く力〟を鍛えるべきなのです。

また、アフレコより少人数で行われるダビングの現場で、監督や音響監督などのスタッフと言葉を交わせば親しくなれる可能性が高く、将来の仕事に繋がるかもしれません。声優の仕事とは関係ないアルバイトに行くより、何倍も重要で意味があると思いませんか？

ダビングの現場で僕が思い出すのは、ハイトーンボイスの個性派声優・金田朋子さんです。『はっぴぃセブン～ざ・テレビまんが～』という作品に出演してもらったとき、頻繁にダビングに顔を出されていました。彼女の勉強熱心な姿勢は、ぜひ見習ってください。

もちろん、見学を歓迎しない現場もあるので、見学可能かどうか事前に確認することは忘れないように。

ダビングは、声優にとって貴重な勉強の機会。逃す手はありません。

ゲームは多種多様

次は、アニメとは収録の方法がまったく異なるゲームについて。

まず、一口にゲームと言ってもさまざまな種類があります。自分がどんな環境でプレイされるゲームの仕事をしているかわかってないとプロモーションなどに協力できません。違いを正確に理解してください。今はアニメ同様にゲームの世界も、声優がプロモーションに協力することが当たり前になっています。

以下、それぞれのゲームの特徴を説明します。

【コンシューマーゲーム】

家庭用のゲーム機でプレイする。ゲーム機には、Ｗｉｉ（任天堂）、ＰＳ４（ソニー）、Ｘｂｏｘ（マイクロソフト）など屋内で遊ぶ設置型と、３ＤＳ（任天堂）やＰＳＶｉｔａ（ソニー）といった携帯型がある。最近はスマートフォン向けゲームに押され気味だが、魅力的なソフトは尽きることなく、新しいゲーム機の発売も予定されており、さらなる発展が期待される。

【パソコンゲーム】

コンシューマーゲームより歴史が古く、年齢の高い人ほどなじみがある。年齢制限のある美少女ゲームは、毎月、新作が発売されており、根強いファンが多い。

【アーケードゲーム】

ゲームセンターや遊園地などアミューズメント施設に設置されるゲーム。メダルゲーム、音楽ゲーム、クレーンゲームが主流だが、声優の出番があるジャンルのゲームも。最近、僕が声優の台詞収録のディレクションを手伝った『電撃文庫 FIGHTING CLIMAX IGNITION』は、2D対戦の格闘ゲームでした。

【モバイルゲーム】

携帯電話やスマートフォンで遊ぶゲーム。モバイルゲーム発信の『ラブライブ』が劇場アニメとして公開されるなど、今いちばん活気がある。完成形でリリースされるほかのゲームと違いオンライン配信が基本なので、日々アップデートされ変化していくのが特徴。登場人物が多く、増えることもあるので、新人声優にも出演のチャンスが多い。

【遊技機】

パチンコやパチスロなど大人（18歳以上）が遊ぶゲーム。アニメのコンテンツが盛んに起用されている。有名な作品だけではなくマニアックな作品も遊技機になっており、声優の仕事は増えている。

電話帳並みの台本!?

次は、ゲーム収録の現場について説明します。

ゲームの収録は、アニメのように演技を合わせる映像がなく、声優は想像力を働かせながら1人で台詞を発し続けます。

アドベンチャーゲームなどプレイヤーの選択によりストーリーが多方向に

展開される作品は、台詞の量が多く台本が電話帳のように分厚くなります。テレビアニメの台本の厚さは数ミリなので、台詞の量の差は一目瞭然です。

また、出演者が一堂に会して行うアニメの収録と違い、声優は1人きりなので、ほかの人の出番のときに休むといったことができません。したがって、強い喉と体力が必要になります。


演技を合わせる映像がない点について詳しく。

アニメの収録では、演じるキャラクターの表情や動き、場面の状況などを映像で確認しながら声をあてます。しかし、映像がないゲームでは、ディレクターの指示から状況を想像して演技をつけます。ほかのキャラクターとの掛け合いの場面も、通常相手の台詞を聞けません。そうした事情から、ゲームの収録では汎用性がある演技、悪く言えば中途半端な演技になりがちです。

演技が中途半端になる原因はもう一つあります。それは、自分のパートしか収録しないため渡される台本もその部分のみで、作品の全体像をつかみにくいことです。可能なら完全な台本を入手して、作品全体を把握してください。

一方で、例えばアクションゲームでは同じシーンの演技を強弱つけて数パターン収録するなど、ゲーム特有の要求があります。演技の引き出しを多く持つよう、ふだんから訓練しておいてください。

多くの場合、台詞を収める尺（時間）が決まっておらず、声優の判断に任されているのもゲームの収録の特徴です。これは声優にとってやりやすいとも言えますが、台詞を決められた尺に合わせるという感覚は身につきません。例えば、同じ「こんにちは」という台詞でも、せっかちに言えば短くなりのんびり言えば何倍も長くなります。アニメでは、演出家がその尺を決めます。**声優は、演出家が意図する演技を決められた尺の中に収めるのです。この尺の中にきれいに収める能力はとても重要**なので、僕は日ごろから若い声優に「時間を意識しながら話しなさい」と言っています。

キャリアを積んでいない声優にも比較的チャンスがあるゲームの仕事ですが、厳密な時間感覚を求められない環境に慣れてしまうと、アニメの仕事で必ず苦労します。また、台本を見つつ映像に合わせて演技する訓練もできないので、やはりゲームの仕事ばかりをするのは考えものでしょう。

余談ですが、台詞の尺の話をすると大御所声優の若本規夫さんを思い出します。『吉永さん家のガーゴイル』という作品で若本さんが演じた主人公・ガーゴイルは、非常に短い尺の中で多くの台詞を話す役でした。難しい収録の連続になりましたが、毎回決められた尺にきれいに台詞を収める若本さんの技は、さすがの一言でした。

その直後、今度は映像より先に台詞を収録する制作方式で尺の制限がなかった『スカシカシパンマン』では、逆に若本さんらしい台詞回しが炸裂。作品全体の尺は予定より長くなったものの、とても面白い作品に仕上がりました。

声優はなんでも屋

声優の仕事はアニメやゲームだけではありません。アニメの仕事とセットのような仕事や、アニメとはまったく関係ない仕事までじつにさまざまです。ここでは、そうした仕事の現場を見ていきましょう。

【ラジオ番組】

はじめは、冠番組を持つことが人気声優の証とも言えるラジオ番組について。

ラジオ番組の収録スタジオは主にラジオ局内にありますが、外部のスタジオを使用することもあります。アニメの収録で使うスタジオとは録音ブース内の様子がまったく違い、パーソナリティーは椅子に座って、目の前にセットされたマイクに向かって話します。パーソナリティーが2人いる場合は、向かい合って座る感じですね。カフと呼ばれる自分の声をON／OFFする装置や、調整室の指示を聞くためのイヤホンがあり、生放送のときに必要となる正確な時計も置かれています。

台本は主に放送作家が書きますが、ディレクターが書くケースもあります。アニメの台本に慣れていると驚きますが、ラジオの台本のほとんどは大きな流れしか書いてない簡素なもの。番組の質は、パーソナリティーがリスナーのお便りなどを織り交ぜながらいかに面白い話を展開するかにかかっています。**フリートークはラジオの基本なので、日ごろからさまざまなことに興味を持ち、どんな話題でも話を広げられるよう豊富な知識を蓄えて**ください。

かつて、ハガキで送られてきたリスナーのお便りは、今はほとんどがメールで届きます。手書きで、ちょっとしたイラストが入っていたりと、温かみのあるハガキのお便りがなくなってしまうのは寂しいですが、時代の流れですね。

ラジオの収録ではいくつか注意すべきことがあります。

まずリスナーからのメールについて。どのメールを読むかはディレクターから指示されると思いますが、特定の人に偏らず多くのリスナーのメールを読むよう心がけてください。とくに、初投稿のメールは積極的に読むことをおすすめします。

若いころ、歌手・声優として活躍する堀江美都子さんのファンだった僕も、彼女のラジオ番組で自分のハガキが読まれたときはこの上ない幸せを感じました。リスナーは、メールを読んでもらえると必ず「また送ろう」と思うものです。ただ番組作りの際は、メールは送らないけど毎週楽しく聴いているというリスナーのことも忘れずに。

なお、慣れていないパーソナリティーは、うまく話が展開できず黙りこむことがありますが、それでは番組が成立しません。基本的に無音の時間を作らないでください。また当然、いわゆる放送禁止用語は使わないこと。

もう一つ、イヤホンを通して伝えられるディレクターの指示に声を出して返事をするのは、初心者にありがちな失敗です。リスナーにはディレクターの声が聞こえませんから、「いきなり独り言をしゃべりだしておかしくなった」と思われてしまいます。

番組のプロモーションとリスナーへのサービスを目的に行われる公開録音も大事にしましょう。ふだんは顔が見えないリスナーと交流し、番組に対する生の反応を見ることは、必ず番組作りに役立つはずです。

おそらく、ラジオ以外の仕事で自分の番組を持つという体験はできません。だからこそ、放送作家やディレクターに任せっきりではなく、コーナーの内容についてアイデアを出すなど、番組作りに積極的に関わりましょう。

自分が動くことで、番組内で流すラジオドラマや番組テーマソングを作るといった新しい挑戦が可能になるかもしれません。目指すは、何年も続く長寿番組です。

僕がラジオ番組の制作で大事にしているのは、「生放送的な収録」です。声優が出演するアニラジは、深夜枠で放送されることが多く、録音での番組作りが主流です。録音だとあまり時間を意識する必要がないので、おおよその尺で収録し、後から編集するという方法で制作することもできます。

でも僕は、生放送と同様のやり方で収録することにこだわっています。よほどのことがないかぎり、編集もしません。仕事には、少々〝噛む〟ことがあっても止められない生放送の緊張感が必要だと考えているからです。そうした収録に何度も臨んでいれば、自ずと尺に合わせて話す感覚も鍛えられていくのです。

かつてプロデュースしたラジオ関西の『ＨＡＰＰＹ★ＬＥＳＳＯＮ』の番組は、ふだん録音放送でしたが、年に数回、生放送を行いました。出演者の笹島かほるさんやこやまきみこさんは「生放送的な収録」に慣れていたので、東京から神戸のラジオ関西に出向いて行う特別な生放送にも見事に対応し、楽しい番組にしてくれました。

【歌】

ヒロインの声優に抜擢されると、頻繁に主題歌やキャラクターソングを歌う機会があります。イベントに出演して生歌を披露することが、作品をプロモーションするうえで効果的だからです。

では、声優が歌う楽曲はどう作られているのか。詳しく見ていきましょう。

歌い手が初めてレコーディングする場合、まず音楽家のもとでキーを確認します。人によって歌える音域の幅＝キーが決まっているからです。経験者は、自分のキーを覚えておいて、聞かれたらすぐ答えられるようにしておきましょう。

最近は曲が先に制作されることが多く、はじめにいくつかのデモ曲の中から採用する曲を決めます。その後、歌い手のキーに合わせたカラオケが作られ、最後に歌詞を作るのです。

メロディーに言葉を当てはめていく歌詞作りは、センスが必要な作業です。キャラクターソングなどは、歌い手になる声優が歌詞を書くこともありますので、チャンスに恵まれたらぜひ挑戦してみましょう。

歌詞ができるといよいよレコーディングです。練習用の音源を渡されるのでしっかり練習しておいてください。**歌も演技と同じで、どう解釈し、どんな表現にするかが大事。**この点は、自分の思い込みではなく、作曲家や作詞家、ディレクターとよく相談するべきです。

ちなみに、練習用の音源にはお手本の仮歌が入っていることがあります。これは当然歌唱力のある人が歌っているので、声優がレコーディングした完成盤より仮歌の方が上手い場合も多いですね。

レコーディングは歌用のスタジオで行われます。ディレクターによって違いますが、１曲収録するのに数時間はかかります。普通、３時間も歌い続けたら喉が疲れてくるため、長時間のレコーディングはできません。

なお、主旋律に加え、ハモリやコーラスといったサブパートを収録することがあるので、そちらの練習も忘れずに。

【イベント】

主要キャストは、作品のプロモーションやＤＶＤ、ＣＤなどの販売促進を目的に開催されるイベントに参加します。

イベントの規模は、１千人以上収容のホールを借りる大規模なものから、アニメショップの店頭で行う小規模なものまでさまざまです。内容は、映像の上映、トーク、歌など。時間は1時間から2時間ほどです。

美少女アニメの場合、演じるキャラクターの衣装を着るケースもありますが、それ以外は基本的に声優が自分で衣装を用意します。何着かステージ用の服を準備しておくとよいかもしれません。

また、ヘアメイクがつかない場合もあるので、日ごろからメイクを練習しておきましょう。ただ、舞台用のメイクは写真撮影時などと仕上げ方が違います。経験がない人は、先輩などに聞いて勉強する必要がありますね。

プロモーションイベントで重要なのはトークです。作品を見たい、買いたいと思ってもらえるよう精一杯アピールしてください。お客さんがとくに聞きたいのは、アフレコ現場の裏話だと思います。ネタになるエピソードは覚えておきましょう。**声優は芸人ではないですが、トークの材料をメモするネタ帳のようなものを持つべきかもしれません。**なお、トーク中に簡単なゲームをすることもありますが、ノリよく真剣に臨みましょう。身が入っていないとお客さんはすぐわかります。

歌のコーナーでは、会場一体となって盛り上げてくれるはずです。気持ちよく歌ってください。なお、歌を披露する際に問題になるのは振付です。大きなイベントでは振付師が指導してくれることもありますが、若手のころはたいてい自分で考えることになります。ふだんから、アイドルのプロモーションビデオなどを参考に勉強しておいてください。

また、新人は緊張で歌詞を忘れることがよくあります。それでも、絶対に歌うのを止めてはいけません。とにかく歌い続けてください。極端な話、1

番の歌詞を3回歌ってもよいのです。そして失敗は引きずらず、次の機会に挽回しましょう。

僕はよく、イベントの模様を撮影した映像をDVD化しています。イベントに参加できなかった人にもステージを見てほしいからです。また、カメラを回すことで、出演者に良い緊張感を持ってもらう効果もあります。

なおイベントでは、商品の販売を目的にサイン&握手会を行うことが多く、声優にとってこうしたファンとの触れ合いはとても重要です。今や**質の高いファンサービスは、人気声優になるための必須条件と言える**でしょう。

第5章 声優としての心構え

事務所に所属したら

この章では、所属事務所が決まり晴れて声優になってから、長く仕事を続けていくために、何をして、どんな心構えを持てばよいのか考えましょう。

【芸名とサインを考える】

事務所に所属したらまず自分の芸名を検討し、名前を決めたらサインの練習をしてください。

「そんなことより声優としての勉強が先では？」と思われるかもしれませんが、プロとしての活動を始めると何をきっかけに注目されるかわからず、突然サインを求められることもあります。そのとき慌てないよう、準備しておくのです。

とくに、芸名を使うなら早めに決めるべき。仕事を始めてしばらくしてから名前を変え、本名を使っているときに知り合った業界関係者を混乱させてはいけません。

声優になったばかりのころは、なにかと辛いことが多いでしょう。そうした時期に将来への希望をこめた芸名を考え、サインの練習をしていれば、ひととき楽しい気持ちになれるはずです。

本名を使うか芸名にするかは、多くの人が悩むようです。どちらが得といったことはないので、よく考えて決めればどちらでもよいでしょう。なお、個人を特定されるのが嫌で芸名を使う人がいますが、どのみち本名は知られてしまうものです。

芸名の付け方にルールはありませんが、気をつけるべきことがいくつかあります。まず、同姓同名の声優や有名人がいたらその名前は避けること。もちろん、犯罪に関わるような人と同じ名前も選んではいけません。

覚えてもらいやすいことを意識すべきで、難しい漢字や読みにくい漢字は使わないほうがよいでしょう。例えば、ワープロソフトで名前を入力したとき、変換候補に出てこないような漢字は避けるべきです。

また、姓名判断で画数を気にする人も多いですが、個人的には参考程度にとどめるべきだと思います。成功を呼び込むのは、名前ではなく努力なのですから。自分のイメージに合う、覚えやすくて親しみやすい名前がいちばんです。

かく言う僕も、大宮三郎はプロデュース名で本名ではありません。プロデュース名をつけたきっかけは、イベントなどで顔出しをするときに本名だとなんとなく恥ずかしかったからです。大宮三郎という別人格になりきることで、思いきりはっちゃけてイベントに参加することができたのです。

サインを考えるのは、もちろん使う名前が決まってからです。どんなサインにするか、やはりルールはありませんが、あまり複雑にしないことをおすすめします。なぜなら、人気声優になると短時間で何百枚ものサインを書くことがあるからです。サインに求められる3要素は、わかりやすく、個性的で、早く書けるといったところでしょうか。

【プロフィールを作成する】

声優を売り込むときに使う資料はプロフィールと呼ばれていて、基本的に事務所の担当者やマネージャーが作ってくれます。でも、そこに何を書くかは自分でよく考えてください。とくに新人は出演歴を書けないので、それ以外の項目でアピールしなければなりません。

事務所によってプロフィールのフォーマットは違いますが、内容はほぼ同じです。日々、何人ものプロフィールを見ている僕がアドバイスするなら、「趣味や特技の欄で個性を出せ」です。読書やスポーツといった平凡な内容より、ライバルが絶対書かないような趣味や特技を見つけて(ときには作ってでも)書きましょう。

「体が極端に柔らかい」とか「じゃんけんは誰にも負けない」など、趣味とも特技とも言えないことを自己アピールとして付け加えるのも効果的。**個性的なプロフィールを提出すれば、制作関係者があなたに興味を持つ可能性は格段にあがります。**

もう一つ大切なのは写真です。制作関係者は、声優を選ぶときプロフィールの写真の印象に大きく左右されます。

ときおり、実際に会ってみるとプロフィールの写真より好印象な場合がありますが、これは論外。逆に、顔を合わせたとき「写真はずいぶんうまく撮れたんだ」と思われるぐらいが成功です。書類選考で弾かれず関係者と会うことができたのは、そのうまく撮れた写真のおかげかもしれません。

写真の撮影は、事務所が段取りしてくれることもありますが、「自分でやってきて」と言われる場合も多いようです。どこで誰に撮ってもらうのか？　ヘアメイクはどうすればよいのか？　新人はわからないことばかりのはずですから、先輩やマネージャーなどに相談してください。〝奇跡の１枚〟が撮れるよう頑張りましょう。

プロフィール用以外にも、取材などで写真を撮られる機会があります。日ごろから、自分はどの角度でどんな表情だと写りがよいか研究しておきましょう。このとき、自分の感覚ではなく、事務所の人など他人の意見を重視することが大事。**自分が良いと思う写真を、他人が良いと感じるとはかぎりません。他人に見せる写真なので、他人の評価を優先するのは当然**ですね。

また、何人かで一緒に撮影される場合、必ずしも自分が望むカットを使ってもらえるわけではありません。どれが使われてもいいよう、すべてのカットに集中して臨みましょう。

【ボイスサンプルを作る】

声優の営業ツールには、ボイスサンプルもあります。どんな声でどんな演技をするのかを収録した言わば声のプロフィールです。一般的には、タイプの違うキャラクターを演じた数種類を作成します。

このときに使う原稿は、できれば自分で書いてください。あなたの勉強になるし、制作関係者はそうした努力を評価するものです。内容は、自分が得意なキャラクターをメインに、少し冒険的なキャラクターの演技やナレーションも入れておくと変化があってよいでしょう。

定期的にボイスサンプルを録っていれば、自分の成長や変化を確認できるというメリットもあります。

【プロの自覚を持つ】

事務所に所属したばかりの声優にとって、気持ちの面で何より大切なのは、プロフェッショナルとしての自覚を持つことです。「まだ仕事をしていないし……」といった甘えは捨てましょう。

では、プロとアマチュアは何が違うのか。仕事をしてお金をもらったらプロということでもありません。プロでも場合によっては無償で仕事をしますし、アマチュアでもコミックマーケットなどでお金を得ている人がいます。

僕が考える**プロの条件は、仕事を選ばないこと**です。

依頼があれば、たとえ自分がやりたくない仕事でもクライアントの要望に応えるのがプロです。人気が出てくると仕事を選ぶ声優もいますが、僕は良いことだと思いません。

この本を読んでいる方はぜひ、どんな仕事にもベストを尽くす本物のプロフェッショナルになってください。

失敗を恐れずチャレンジを

新人時代にはさまざまな仕事の依頼がきます。中には苦手なこともあるかと思いますが、そうした依頼には、若いころにしか経験できないことが多いものです。**やる前から、「これはいやだ」「あれはできない」と決めつけず、何ごとにも前向きにチャレンジしましょう。**

慣れないことをすれば失敗もします。でも人は失敗することで成長します。若者には失敗が許されるという特権があります。どうか、失敗を恐れないでください。

じつは僕も、駆け出しのプロデューサーだったころ『ああっ女神さまっ』の主演声優、井上喜久子さん、冬馬由美さん、久川綾さんが参加してくれたイベントで大失態を犯しました。関係者から大目玉を食らいましたが、この失敗体験は、その後イベントを運営する際、おおいに生かされたのです。

また、何ごとにも**チャレンジしていれば、良い縁に恵まれることもあります。アニメ業界では〝仕事が仕事を生む〟**のです。

例えば、『D.C.Ⅲ～ダ・カーポⅢ』で瑠川さら役を演じた桜咲千依さんのケース。僕は、まだ新人だった彼女とWEBラジオ番組で出会い、それをきっかけに『女子高生信長ちゃん!!』のヒロインをお願いするなどさまざまな形で仕事をするようになりました。

きっかけは仕事だけにかぎりません。『ギャラクシーエンジェる〜ん』でアプリコット・桜葉役を演じた稲村優奈さんとは、彼女が収録現場に見学に来ていたのがきっかけで知り合いました。その後、僕の多くの作品にメインヒロインとして出演してもらっています。

そして、声優としてのスキルを上げるには、100回の練習より1回の本番が効果的なことも忘れずに。気が進まない仕事でも、貴重な本番の機会であることは間違いないのです。

なお、仕事現場で出会う先輩や音響監督の指示が、人によって違うのはよくあることです。**同じ事柄でも、立場や見方によって解釈は変わるもの。それぞれの意見や考え方は、すべて真実とも言えます。**

だからこそ、若いうちはさまざまな仕事に挑戦して、各現場で先輩方の言葉をしっかり聞き、理解し、その中から自分の成長に必要なエッセンスを見つけることが大事なのです。

事務所との関わり方

事務所に所属している声優のほとんどは、事務所とマネージメント契約を結んだ個人事業主です。社員ではありません。書面できちんと契約を交わす事務所もあれば、そうではない事務所もあります。ただ、契約書がないといい加減な事務所で、あるとしっかりしているというわけではありません。最近はきちんと契約書を作る事務所が増えているようです。

社員ではないので、当然、声優に毎月の給料はなく、仕事をした分だけお金をもらいます。仕事がなければ、月の収入がゼロということもあるのです。そして、健康保険料や年金の掛け金を自分で払う必要があり、税金も自分で確定申告をして払います。確定申告の際、どの費用が必要経費として認められるかは、先輩声優に聞いてみてください。

なお、事務所ごとに細かな取り決めや約束事があるので、正式に所属するのはよく話を聞いてからにしましょう。

事務所との付き合い方のポイントは、可能なかぎり顔を出し、社員の方やマネージャーと顔なじみになることです。積極的に関わりを持って損になることはありません。

また、事務所にとって声優は大切な商品ですから、もし困ったことや悩みごとがあれば遠慮せずに相談してください。必ず力になってくれます。

ちなみに、よほどの売れっ子以外は、専属のマネージャーがつくことはありません。つまりマネージャーは、1人で数人、多ければ十数人の声優を担当し、現場への顔出しのほか、台本や資料の受け渡し、営業活動など、多くの業務をこなしています。ですから、台本は自分で受け取りにいくなど、マネージャーに協力する気持ちを持ってください。

繰り返しになりますが、事務所に所属したからといって仕事が入るわけではありません。もちろん事務所のスタッフは、所属声優の仕事を取るべく全力で営業しています。働いてもらわないと会社にお金が入らないからです。**仕事をしたい声優とさせたい事務所、常に向いている方向は同じ**です。もし仕事がない日々が続いてもけっして腐らず、次のオファーにしっかり対応できるよう努力を怠らないでください。

あなたのやりたいことは？

プロとしてスタートを切ったばかりの声優は、当たり前ですが仕事は少なく、ギャラだけでは生活できません。とくに、実家を出て1人暮らしをしていればアルバイトは不可欠。若い声優が「アルバイト漬けの生活をしている」といった話もよく耳にします。交通費を節約するため電車などを使わず、自転車や徒歩で時間をかけてスタジオに来る人すらいます。

一方で、時間がお金で買えないのも事実です。声優として成長できるもっとも大切な時期を、アルバイトなどに費やすのはもったいないことです。いつのまにかアルバイト中心の生活に陥った方は、自分の胸に問うてみてください。

「ずっとアルバイトをしながら生きていくのか？」

「声優の仕事こそ、やりたいことではないか？」

そして

「私は声優になりたくて事務所に入ったんだ！」

「声優の仕事だけで食べていきたい！」

と再認識できたら、すぐに生活を見直しましょう。

声優の仕事が最優先の日々に切り替えるのです。

暮らしに余裕がないと、ついアルバイトに軸足を置いてしまいがちですが、**次に挙げる生活の優先順位を忘れないでください。**

①声優の仕事
②オーディションや打ち合わせ
③関係者との付き合い
④アルバイトやプライベート

以下、①～④を詳しく説明します。

①声優の仕事

新人や若手の仕事は、今日話がきて明日には収録、場合によっては朝に話がきて夕方に収録といった急な案件が珍しくありません。こうした仕事の依頼がきたとき、間髪を入れず「ありがとうございます。お願いします」と言えるようにしてください。

逆に、「急に言われてもアルバイトを休めません」と断る人がいます。信じられないかもしれませんが、本当にこうした声優が多いのです。新人がアルバイトを理由に仕事を断ったら、もう二度と声をかけてもらえないと思ってください。

よく考えてみましょう。体調が悪いときなど、誰でも急に休むことはあるはずです。たいていの職場は、1人ぐらい急に休んでもなんとかなります。

仕事を断った人はきっと、

「どうしてもやりたい声優の仕事の依頼がきたので、急で申し訳ありませんが明日は休ませてください」

と、アルバイト先の上司に申し出ることがわずらわしくて、安易に「休めない」と言ってしまったのでしょう。

正直に理由を述べて急な欠勤を許してもらい、本来の仕事を頑張った後、迷惑をかけた人たちにきちんとお詫びすればよいのです。それでも休めないようなアルバイトなら辞めるべきです。

もし事情を理解してくれるアルバイト先が見つからなければ、1年とか2

年とか期間を決め、その間は親や親戚など頼れる人に支援してもらうことを検討してください。**あくまでもあなたの本業は声優**なのです。

②オーディションや打ち合せ

オーディションに落ち続けていると、オーディション自体に懐疑的になってしまう声優がいます。

でも、オーディションは大きな役をつかむための第一歩であることを忘れないでください。話がきたら、基本的にすべて受けること。毎回、本気でオーディションに取り組めば、必ず声優としてのスキルが向上します。

また、参加しつづけるなかで傾向と対策が身についてくれば、合格する可能性も上がるのです。たとえ落選しても、次の仕事に繋がることもあるので、マイナスにはなりません。

迷うのは、声優の仕事とオーディションの時間が被ってしまったときでしょう。僕は、オーディションより仕事を優先すべきだと思います。なぜなら、スキルアップのもっとも有効な手段は仕事をすることだからです。そして、**けっして広くないアニメ業界では、仕事が仕事を呼ぶ**からです。

振り返れば僕も、仕事をすることで新しい縁を紡ぎ、それが別の仕事に繋がるということを繰り返してきました。そして、自分が声優に仕事を依頼するときも、かつてどこかで縁ができた人に声をかけています。

どんな小さな仕事も、次の仕事へのチャンスなのです。

どうしてもオーディションを優先したい場合は、事務所と相談した上で、極力丁寧に仕事を断ってください。断り方を間違えると、その依頼主との縁は切れてしまうでしょう。

仕事に関する打ち合せも「いつどこであるから来て」と言われたら、「はい」と即答するのが正解。アルバイトや個人的な用事は二の次です。

ただ、その日時に声優の仕事が入っていたら、正直にそのことを伝えてスケジュール調整をお願いしましょう。

声優の仕事が最優先、オーディションや打ち合わせはその次で、ほかの用事が入り込む余地はありません。

この鉄則が揺るがないのは、

「あなたの代わりはいくらでもいる」
「あなたにしかできない仕事はない」

という、若手声優が置かれた厳しい現実があるからです。

③関係者との付き合い

制作関係者と交流し、仲良くなることは声優にとって大事なことです。

最近の若い人はドライなのか、仕事の後の打ち上げや食事会に参加せず、すぐに帰ってしまう人がいます。それが大きなチャンスを逃している残念な行動だと気づいていないのでしょう。

その日の仕事を終え、ある種の一体感と開放感に包まれた中で行われる**打ち上げは、声優とスタッフの距離を縮めるまたとない機会**です。すなわち、声優が自分の存在を売り込む最高の営業タイムなのです。

④アルバイトやプライベート

当たり前のことですが、もっとも優先順位が低いのはアルバイトやプライベートの時間です。ただしプライベートの時間も、スキルアップのために有効利用できます。そうした時間活用法は後述します。

生活習慣について

時給が高い深夜にアルバイトなどをしていると、昼間は寝ている〝夜型〟の生活になりがちですが、できるだけ夜は寝て朝早くに起きる〝朝型〟を心がけましょう。これは、第４章で書いたように声優の仕事は昼間の収録がメインだからです。テレビアニメの場合、午前収録は10時スタートですから、ベストの状態で臨むには〝朝型〟が良いとわかりますね。

体調管理も大切です。テレビアニメなど連続シリーズの制作途中に出演声優が体調を崩すと、多くの関係者に迷惑がかかるからです。

じつは僕自身、苦い経験があります。かつて携わったある作品で、最終回の収録前にヒロインの声優が風邪を引いてしまったのです。そこで一度収録を延期しましたが、仕切りなおしの収録日になっても彼女の風邪は治っておらず、ほとんど声が出ない状態でした。結局、時間に余裕がなかったため不本意ながら収録を強行しましたが、大事な最終回が台無しになってしまい、今も悔いが残っています。

こうした事態を招かないために、ふだんからしっかり体調を管理しておいてください。

もう一つ、声優は言葉を扱う仕事ですから、日ごろから正しい日本語を使うよう心がけてください。例えばアクセントの問題。一般的に使われているものでも、じつは正しくないことが多いのです。とくに、若者がふだん使っている言葉には注意が必要です。気になった言葉はアクセント辞典などで調べて、正しいアクセントを確認しておきましょう。

また、いわゆる〝ら抜き言葉〟を使わないようふだんから気をつけておくのも大事。「食べれる」は間違い。正しくは「食べられる」です。

勉強はいつでもできる

次に、プライベートの時間を利用した勉強についてアドバイスします。

まず、多くのアニメ作品を見てください。ジャンルも年代も、幅広く見ることをおすすめします。とくに「聞いたことあるな」という有名なタイトルは一通り見るべきです。名作は業界の先輩方も知っているので、共通の話題になるというメリットもあります。その名作に関わっていた人がいる可能性だってあるのです。

このとき**大事なのは、プロの目線でアニメを見ることです。「演じるならどのキャラクターで、どう演技をするか」を意識して**ほしいのです。

ただ、自分が見た作品に出演している同年代の若い声優を美化するとか、目標にするのは感心できません。若い声優に問題があるわけではなく、やはり本当に上手いのはベテランの声優だからです。最近の作品はなかなかベテランの出番がないので、その点からも古い作品を見てほしいと思います。

また、アニメ業界の人は映画好きも多いので、実写映画に親しんでおくのも、営業上役立つはずです。

時間を見つけて歌の練習をするのもよいでしょう。

場所は音楽スタジオがベストですが、おすすめは費用の負担が小さいカラオケ店です。このとき、同行者は連れず1人で行ってください。練習ですから、他人が歌う時間は必要ありません。友人同士でほめあっていても、上手くはならないのです。

カラオケ店は素人が歌を楽しむ施設なので、たいてい歌が上手く聞こえるようにできています。そこで安易に「私は歌が上手い」と思うのは危険です。自分の歌声は、エコーなどの効果が入っていない状態でしっかり聴くように。最近は、自分の歌をＣＤに焼けるシステムもあるので、後日、そのＣＤを先輩や歌の先生に渡して聞いてもらい、アドバイスを受けてもよいですね。

得意な歌、好きな歌ではなく、意識してさまざまなジャンルの歌に挑戦することも大事です。仕事では歌を選べませんから。また、業界関係者とカラオケに行く機会があったときに歌うため、昔のアニメや特撮作品のテーマソング、流行歌など、自分の持ち歌を増やしておきましょう。

なかなか歌が上手くならない人は、一度自分のリズム感を疑ってみてください。歌とリズム感には密接な関係があり、リズム感を鍛えれば劇的に歌が上手くなったりします。

イベントなどで振りを付けて歌うことがあるので、ダンスのレッスンを受けるも有意義でしょう。ダンスは、リズム感を磨くのにも効果的です。

漫画や小説など、新旧さまざまな本を読むこともおすすめします。出版物を原作にしたアニメが多いので、声優は原作者や出版関係者と会う機会もあります。知識を持っていると役立つことがあるはずです。

ただ読書するのではなく、音読するとよいでしょう。とくに漫画のネームを声に出して読む行為はアニメのアフレコと共通する部分が多く、ダイレクトに演技の練習になります。

ゲームをプレイすることも、意識の持ち方次第で立派な勉強になります。ゲームの仕事は若い声優にとってチャンスが多いジャンルですし、ゲームを原作にしたアニメも多いので、その世界を知っていて損はないのです。ただ、必要以上に時間を浪費してしまう可能性があるので、スケジュール管理だけは気をつけましょう。

アニメを見たり、漫画を読んだり、ゲームをしたりするのは、一見遊んでいるようですが、目的意識を持って行えば、知識の拡充とスキルアップに繋がります。**演技の引き出しは、優れたエンターテインメント作品に数多く触れることで増えていく**ものなのです。

最後にもう一つ、主に女性に対して言っておきたいのは、身だしなみについてです。

イベントなど顔出しの仕事は、自分のファンを増やすチャンスです。そこで自分に興味を持ってもらうには第一印象が大切であり、かわいい服を着てアピールする必要があります。

そのために、ふだんから身だしなみに気を使ってください。いつもパンツスタイルならスカートに慣れておきましょう。お客さんの前に出たとき、慣れない格好をしていると、無意識にだらしない姿勢をとったりするものだからです。

また、顔出しの仕事の現場で、若手声優は基本的に自分でメイクをしなければなりません。準備の時間がなく、現場入りしたらすぐ本番といったことも多いので、すばやくメイクできるよう毎日練習しておきましょう。

声優として常に成長し、人気声優への階段を着実に上っていくためには、**プライベートの時間もけっして仕事を忘れず、自分を磨きつづけることが大事**です。

第6章
声優サバイバル術

焦らず、目標は高く

少しキャリアを積んだ声優は、ある意味、無我夢中でよかった新人のころとは違う壁にぶつかったり、悩んだりします。そのときどう考え、どう行動すれば、さらに成長し、長く仕事を続けていけるのか。この章で考えていきましょう。

デビュー以降、着実に仕事をこなしていれば、当然自信もついてきます。それにともない「自分はもっと良い役を演じてもいいころだ」と思うようになり、焦りや不満を感じるものです。

でも焦らないでください。そのとき、あなたの技量はまだ〝そこそこ〟です。自分が上手いと思ったらそれ以上の成長はありません。新人時代の謙虚な気持ちを思い出し、本当に力のある声優を目指してさらに努力を重ねる時期だと考えればよいのです。

一足先にステップアップした先輩や、同年代の声優が気になるのは仕方ないことです。でも、目標にするべきなのは、実力派の大先輩たちです。高く、遠い目標を持てば、自分の少しの遅れや足踏みは気にならなくなります。

他人と比べるよりむしろ、仕事に慣れてきた自分を客観的に見つめなおしてみましょう。収録現場で周囲にしっかり気を遣えていますか？　スタッフとのコミュニケーションは円滑ですか？

反省すべき点が浮かび上がってきたら、すぐに改めてください。

台詞一つひとつを大事に

長い間、**若い声優を見てきて気づいたのは、ＮＧに対する考え方の違いが、**

その後の成長に大きく影響することです。

例えば、収録現場に若手声優が2人いるとき、1人は何回もNGを出され、もう1人は1回でOKをもらったとします。このとき、NGが出されなかった声優は「自分は上手くできた」と安心してはいけません。音響監督は「何度やり直しても上手くならないな」という諦めの気持ちから1回でOKを出す場合があるのです。逆に、NGの裏には「的確な指示を出せばもっと良い演技を引き出せる」という期待があります。

もしあなたがNGを出されたら、何がいけなかったのか、どうすればよいのかを考え、音響監督の指示をよく聞き、OKが出るまで全力でチャレンジしてください。その過程で力がつきます。

ときには、一人居残りでやり直しを命じられることがあるかもしれません。でも、そんな時間も手間もかかることをするのは、音響監督が期待しているからです。またとない成長のチャンスと思って、全力を尽くすべきです。

誤解されるといけないので付け加えますが、単純なミスによるNGは別の話です。最近、若い声優の中には、そうしたＮＧを出してもまったく気にしない人がいますが、これは問題外。絶対にＮＧを出さないという緊張感を持って収録に臨むことを忘れないでください。

若い声優が演技の面でひと皮むけるために、ほかにも押さえるべきポイントがあるので、ここから挙げていきます。

まず、一つひとつの台詞を大事にしてください。

監督や脚本家は考え抜いた末に映像と台詞を作っており、限られた尺の中に織り込まれた台詞はすべて意味があります。なにげない日常会話の台詞にも、場面や登場人物の心情に応じてさまざまな意味が込められているのです。

例えば「おはよう」という朝の挨拶。もし前日に良いことがあったのなら、うきうきした「おはよう」だし、疲れているなら、面倒くさそうな「おはよう」です。シチュエーションが違えば、同じ「おはよう」にはなりません。

また、状況次第では「大っ嫌い！」という台詞で最大限の愛を表現することもあります。

僕は、表現が曖昧であったり間接的であったり、ときには逆説的なこともある日本語は、奥の深い言葉だと思っています。日本語に携わる声優の仕事を選ぶなら、積極的に日本語のすばらしさを勉強しましょう。


そして、**本物の演技を目標にしてください。**

若い声優はどうしても「うれしいときはこのテンション」とか「悲しいときはこんな表現」といったテンプレートに頼る上っ面の演技に走りがちです。でも、**本物の演技とは、台詞が持つ意味をしっかり理解したうえで、心を込めて行うもの**です。

僕は、井上和彦さん、塩沢兼人さん、小杉十郎太さん、速水奨さん、玄田哲章さんらそうそうたるキャストが顔をそろえた『ＬＥＧＥＮＤ ＯＦ ＢＡＳＡＲＡ』の収録現場で、本物の演技によってキャラクターに命を吹き込まれる瞬間を体験しました。

塩沢兼人さん演じる揚羽というキャラクターが、幼なじみが亡くなる間際、複雑な思いを呟くシーンでしたが、塩沢さんの鬼気迫る演技に強く心が揺さぶられ、全身に鳥肌が立ったのです。ほかのスタッフも皆、演技の迫力に圧倒されて息をのみ、調整室の中は尋常ではない緊張感に包まれました。

結局、迫力がありすぎたため、音響監督から「もう少し抑えた演技で」という指示が出て、完成した映像はそれほどではないのですが、テスト版を聴けたのは本当に貴重な体験でした。

力のある先輩の演技に触れる機会があったら、しっかり見て、感じて、少しでもその技術を吸収してください。

なお僕は、**本物の演技を追求するうえで、人間としてさまざまな経験をすることが大切**だと考えています。なぜなら、恋愛を経験した人が発する「好き」という台詞と、経験していない人の「好き」には大きな違いがあるからです。声優の恋愛をタブー視する人もいますが、こうした面からも、僕は積極的に恋をするべきだと思っています。

もう一つ、**キャラクターのアクションに合わせて入れる「んっ」とか「うっ」など台本には書いていない短い言葉や息づかいの演技も重要**です。こうした演技を的確に入れることで、キャラクターに命が吹き込まれるのです。僕はこれが、声優の技量の良し悪しを決めるポイントだと考えています。

現場におけるコツ

ここで、収録現場におけるちょっとした、でも大切なコツを紹介します。

じつは、声優が演技しているとき、調整室に詰めているスタッフはさまざまな会話をしています。トークバック（スピーカー）を通して録音ブースに伝わっているのは、そのほんの一部。声優が耳にすることのないシビアで赤裸々な会話が繰り広げられているのです。例えば、トークバックでは「ＯＫ」

と伝えても、調整室では「使えないよ」とぼやいていることがあります。そして、演技に対する評価など、声優にとって厳しいけれど勉強になる話が多いのも事実です。

声優が、その〝ためになる〟会話の内容を知るコツがあります。それは、自分のマネージャーに協力を頼むことです。

収録の間、マネージャーにできるだけ調整室の中にいてもらい、自分がどんな評価をされているか、どのような演技が求められているか確認しておいてもらいましょう。収録を終えてからその内容を聞き、自身のスキル向上に役立ててください。なお、優秀なマネージャーは、頼まれなくてもこうした作業を行っているものです。

また、収録現場ではどうしてもさまざまなトラブルが起きるもので、中でも連絡の不備は頻繁に発生します。台本やクライアントからの資料が声優の手に渡っていない、重要事項が伝わっていないといったことです。

こうした**アクシデントに対し、動揺したり、あるいは腹を立てたりしてもよいことはありません。コツは、心に余裕を持って柔軟に対応すること。**それが収録のスムーズな進行に繋がれば、スタッフからの評価は上がります。なにより、平常心でいなければ良い演技はできません。

作品を愛し、誰からも愛されて

アニメ業界は、実力＋人間関係で回っている狭い世界です。**絶対に敵を作らず、誰からも愛される声優を目指してください。**それが、長く仕事を続けていくためにとても大切なことです。

仕事現場では、周りの状況をよく観察し気配りを忘れずに。先輩声優やスタッフに対しては敬意を持って接し、後輩の声優には優しくしましょう。

愛されるばかりではなく、自分が関わるすべての作品とスタッフを愛する

ことも大事です。

アニメ制作には延べ数百人のスタッフが携わっており、声優はその中の１人です。人気声優になると年間20本以上の作品に出演しますが、制作スタッフは数ヶ月間、昼夜を問わず働いて、ようやく１本の作品を完成させます。例えばあなたが数時間しか関わらない作品も、数百人×数ヶ月分の「良い作品にしたい」という思いの結晶なのです。

僕の初プロデュース作品『雲界の迷宮ＺＥＧＵＹ』でヒロインを演じ、主題歌も歌った横山智佐さんは、制作から20年以上を経てお会いし思い出話になったとき、その主題歌を口ずさんでくれました。多くの作品と歌に関わってきた人気声優の横山さんが、はるか昔にレコーディングなどで数回しか歌っていないはずの曲を覚えていてくれたのです。

彼女は間違いなく、自分が出演する一つひとつの作品、演じる一つひとつのシーンを大切にしているのでしょう。こうした仕事への取り組み方を、若い人はぜひ見習ってください。

営業活動について

声優と話をしていると、ときどき「うちの事務所、仕事がなくてダメ」とか「うちは営業が弱くて」など事務所やマネージャーに対する不満を耳にします。僕は、自分の事務所が愛せないのに作品やスタッフを愛せると思えないので、そうした声優に仕事を頼む気になりません。愚痴であっても、このような発言は慎みましょう。事務所にとって所属声優は商品です。愚痴を言う前に、どうすればもっと魅力的な商品になれるかを考えるべきです。

事務所の人やマネージャーは、見えないところで必ず声優のために汗をかいていています。とはいえ、所属声優はあなただけではないですから、事務所に頼りきりにならず自分でも営業活動をしましょう。

例えば、収録が終わって皆で談笑している時間やその後の食事会は、貴重なアピールタイム。関係者に話しかけ、自分のことをもっと知ってもらうことが、次の仕事への第一歩になるのです。

ここで、飲み会の席での立ち振る舞いについて少しアドバイスを。

まず、どこに座るかが重要です。上座、下座といったマナーはありますが、周りの状況を見ながら、可能なかぎり音響監督の近くに座りましょう。あまり話したことがないと隣に行きにくいかもしれませんが、ここは勇気を出して積極的に。話のきっかけは「今日の私の演技はどうでしたか？」と聞くのがよいでしょう。適宜指導してくれると思います。貴重な個人レッスンですから、スキルアップにも役立ちますね。また、その音響監督がかつて参加した作品の話をするのも良い方法。会話が弾むはずです。

もし、音響監督にアプローチするのが難しければ、音響の制作担当者（目立たず末席に座っていたりします）と話をしてみてください。アニメでは、映像の制作と音響の制作が分かれていて、キャスティングに関わるのは音響の制作担当者です。事前に名前を調べておくとよいでしょう。

監督やプロデューサーは、とくにヒロインなど大きな役のキャスティングに影響力を持っています。将来チャンスをつかむためにも、仲良くなっていて損はありません。歳の近い仲間と固まっていれば楽しいでしょうが、仕事には繋がらないことを忘れずに。

もちろん、近くの人の飲み物がなかったら注文を聞く、取り皿が不足していたら新しいものを用意するといった社会人として当然の気配りはできるようにしておいてください。

ファンを増やす

仕事をすればファンが増え、ファンが増えれば次の仕事がきます。もっと仕事を増やすため、**声優にはファンを増やす努力が欠かせません。**

今なら、ツイッターやブログなどのSNSを活用するといいでしょう。ただ使い方を間違えると大やけどするので、事務所の人と相談しながら慎重に取り組んでください。最近は、声優のSNSでの発信を事務所が管理しているケースも多いようです。

それでも、SNSなどでの発言を厳しく批判されたり、ときには誹謗中傷を受けたりすることがあります。だからといって萎縮する必要はありません。極端な意見の持ち主は、あなたの発言を読んだり聞いたりした人のごく一部であり、大部分の人は楽しんでいるはずなのです。

もちろん、厳しい意見は真摯に受け止めつつ、ファンを増やすための活動は積極的に行いましょう。そして、目に余る誹謗中傷には、やはり事務所と相談したうえで適切に対処してください。

次は、あなたが人気声優になったときのためのアドバイスです。

といっても、**僕が伝えたいのはごく当たり前の言葉、「天狗になるな」です。**

声優として人気が出てくると、今まであなたに見向きもしなかった人が寄ってくるものです。そういう人は、調子のよいことしか言いません。すると逆に、厳しく指導してくれる人がうっとうしく感じられ、どうしても遠ざけたくなります。

その結果、売れる前からお世話になっている人との関係を断ってしまう声優を何人も見てきました。そうした人は、取り巻きを一変させたことについて「新しい段階に入ったから」とか「理不尽に非難されたから」などと、都合のよい理屈を作り、自分が天狗になったとは思っていないでしょう。でも、周りから見たら天狗そのものです。

売れっ子になってから近づいてきた人は、落ち目になるとクモの子を散らすようにいなくなります。商売で近づいたのだから当然ですね。

売れる前から近くにいた人は、あなたという人間を評価しているので、辛い時期も一緒に頑張ってくれます。けっしておろそかにしないでください。

事務所の移籍

周囲から、中堅声優と評価されるぐらいになれば、「順調と言えば順調だけど、このレールに乗っていていいのか」という悩みが出てきます。そうした時期に考えがちなのが、事務所の移籍です。

声優が事務所を移籍するのは珍しくなく、僕の周りにも経験者がたくさんいます。ただ、隣の芝生が青く見えるのも事実のようで、移ってみてから前の事務所の良さに気づいたという声も耳にします。

真剣に移籍を検討するのなら、どの事務所にも良い面と悪い面があることを踏まえたうえで、自分自身と移籍先のことを冷静に考えてください。ひとたび移籍が頭に浮かぶと「実行してこそ前進」と思い込んでしまいますが、よく考えた末に撤回することもまた、一歩前進したと言えるのです。

そして、何より重要なのはタイミングです。現在の事務所における自分の立ち位置や、関係しているプロジェクトの進行状況をよく確認して、迷惑がかからないタイミングを見極めてください。移籍後も元の事務所関係者と仕事をすることはあるので、「立つ鳥跡を濁さず」が大事なのです。

また、移籍の中にはフリーランスになるという選択肢もあります。これは基本的におすすめしません。なぜなら「事務所に入れないからフリーで活動している」「仕事がないからフリーでいられる」と思われてしまうからです。ある程度仕事があれば、電話応対やスケジュール調整といった業務が煩雑になり1人では活動できないはずなので、業界の人はそう判断します。

ただ、誰もが認める実力者が、仕事をセーブしたい、コントロールしたいといった理由でフリーになる場合は例外です。そこまでの人なら、自分が処理できる範囲の仕事だけをしていても評価は落ちません。あなたが力をつけて唯一無二の存在になったら、フリーでの活動を考えてみてもよいでしょう。

プライベートのこと

最後に、人気声優になったら注意すべきことに触れます。

ファンが増えてくると、中にはどうしても困った人がいます。そうした人はストーカー的な行為をする場合もあるので、慎重に対処してください。

まず、自分の住居が特定されるような行いは避けましょう。お金はかかりますが、定期的に引っ越すという予防法もあります。外出の際、変装はオーバーとしても、あまり目立たない格好をするべきでしょう。どこで誰に見られているかわからないので、ふだんから周囲に気を配るのは有名人として当たり前のことです。

もう一つは恋愛について。

声優の恋愛や結婚は、ファンが減るなどの理由でタブー視されたりします。僕はそうした風潮には反対です。アイドル声優であっても、自由に恋愛・結婚するべきだと考えています。

ただ、相手が同じ声優や業界関係者の場合、破局しても収録現場で顔を合わせる可能性があることを忘れずに。あまり気まずくならないよう、きれいな別れ方をしてください。離婚した人と夫婦役で共演、などということもありうるのですから。

第7章 声優はアニメを知ろう

アニメを知る意味

声優は、仕事柄アニメを見る機会は多いはずですが、一線級で活躍している人でも、その歴史や企画・制作の方法、制作現場の実態については意外と知りません。「声優の仕事に直接関係ないので知る必要ない」と思うかもしれませんが、それは間違い。声優にとって、アニメを深く知ることは大きな意味があります。

なぜなら、**アニメ制作にさまざまな工程が存在し、多くのスタッフが携わっていることを知れば、声優の仕事の意味や奥深さを実感し、自ずと日々精進するはずだからです**。またその過程で、作品への愛着もわいてくるでしょう。

さらに、アニメの制作過程をよく知る声優は、どの持ち場のスタッフともうまくコミュニケーションできるので、次の仕事に繋がる縁を紡ぐことも容易になります。

声優も含めた数百人に及ぶスタッフは、一つの作品をともに作っている仲間です。仲間が日々どういう作業をしているか知り、お互いに敬いながら力を尽くす一体感こそが作品をより良くする原動力。そう僕は信じています。

アニメの歴史とこれから

アニメは50年以上の歴史をもつ日本を代表する文化です。１９５８年、中国の民話を題材にした『白蛇伝』が日本初のカラー長編アニメ映画として劇場公開され、１９６３年には手塚治虫原作の『鉄腕アトム』が国産テレビアニメ第1号として放送されました。僕が生まれる前の出来事です。

その後、テレビはモノクロからカラーになり、アナログからデジタルになりました。そうした技術の変遷に合わせて、テレビアニメの世界も変化してきました。中でも、画面のサイズの比率が４対３から横長の16対９になったことは、映像を制作する立場から見ると非常に大きな変化でした。

同じころ、制作方法もアナログからデジタルへの変革が進みました。それまでの手順は、紙に描かれたキャラクターなどの絵を透明なセルロイド＝セルに転写し、筆と絵の具で彩色（仕上）してからフィルムで撮影するというもの。それが、仕上以降はすべてパソコンで作業されるようになったのです。

ここで、アニメの映像についても、最低限知っておくべきことを説明します。もっと深く知りたい方は、映像の解説本などを読んで勉強してください。

映像は、フィルムの場合は24コマ、ビデオの場合は30フレーム（Ｆと表記）で１秒になります。日本の一般的なアニメは、フィルムの時代からの名残でデジタル化された今も１秒24コマで制作し、最後に30Ｆに変換しています。

１コマに１枚、１秒で24枚の違う絵を使う方式で作られるのがフルアニメです。フルアニメの映像は動きが非常に滑らかになりますが、制作に費用と手間がかかります。一方、同じ絵を３コマ続けることで１秒に使う絵を８枚に抑えるのがリミテッドアニメです。日本のテレビアニメは、主に予算と時間の都合からリミテッドアニメで作られています。

アニメは、デジタル化によって可能性を広げ、作品のクオリティーも向上しました。しかし同時に、技術の進化に対応するための手法を考える必要が出てきたり、作業が際限なく続いたりと、スタッフの負担が格段に増えてしまった側面もあります。

また、デジタル化という変革の波に乗れなかった大勢の優秀なクリエイターが、業界から去っていきました。今日まで筆を持っていた人が明日からマウスで仕事をしろと言われるようなことですから、大変だったと思います。アナログ時代に僕がお世話になった方は、半分も残っていないでしょう。

もちろん、変革によって新しい才能への門が開かれ、多くの優れた人材が業界に入ってきました。でも、職人気質のクリエイターが少なくなってしまったという寂しい実感があります。

アナログからデジタルになり、クリエイターに求められる資質も変わりました。アナログの時代に重宝されたのは、繊細な手の動きや感覚など職人としての技術でした。でも、パソコンを使うのに技術は必要ありません。誰が数値を入力しても同じ結果になるからです。

今、クリエイターに求められているのは、技術ではなくセンスです。パソコンが使えてセンスがあれば、誰でもクリエイターになれるでしょう。

なお、絵の世界は事情が少し異なります。一部の会社は作画をタブレットで行い、完全ペーパーレスな制作に取り組んでいますが、たとえ紙と鉛筆がタブレットに変わっても、今のところ〝描く〟という職人の技術は必要とされています。

ところが、近年盛んに制作されているCG（コンピューターグラフィックス）を使ったアニメでは、その〝描く〟技術すら不要になりました。

CGアニメはアメリカなど海外の作品に多く、手で描く日本の2Dアニメと比べると明らかに違う技法で作られたとわかります。２Ｄアニメに馴染んできた日本人の中には、ＣＧアニメに違和感を抱く人もいるようです。

現在、その違いをなくすべく、ＣＧで制作した映像を２Ｄ風に見せる技術の研究も進んでいます。実際、そうした新しい技法で作られたアニメが劇場公開されたり、テレビで放送され始めているのです。

手書きのアニメが消滅することはないと思いますが、あと10年、20年経てば、アニメのほとんどはＣＧで制作される時代になるでしょう。

こうした技術革新はアニメだけの話ではありません。音楽の世界でも、楽器を生演奏して制作したような楽曲がパソコン上で作れるようになっており、やがて実際に演奏する必要はなくなるかもしれません。歌をボーカロイドが歌うようになったことも、同様の変化と言えます。

そうだとすれば将来、声優の役割もデジタル化によって大きく変わっていくのでしょう。

どのように作られる？

アニメは完全分業制で制作されています。声優は、その中で一つの役割を任されているのです。では、ほかのスタッフはどんな作業をしているのか？

ここからは、作業順にアニメ制作の主要な工程を説明していきます。

【シナリオ】

アニメの制作が決まると、まずシナリオが作られます。シナリオは絵コンテのもとになるもので、原作者や監督、プロデューサーなど一部のスタッフしか見ることはありません。一方、声優が渡されるアフレコ（ＡＲ）台本は文字通りアフレコの際に使うもので、アフレコに携わるスタッフが見やすい体裁になっています。

シナリオ↓絵コンテ↓アフレコ台本の順で作られますが、途中で変更が加えられ、シナリオとアフレコ台本では内容が大きく違う場合もあります。

【絵コンテ】

シナリオをもとに監督や演出家が作成する絵コンテは、画面の構図や登場人物の動き、演技、台詞、カメラワークなど、演出の意図を事細かに描いたものです。

声優が絵コンテを目にする機会は少なく、見られるのはアフレコ時の映像に絵コンテを使ったときぐらいでしょう。

【設定】

シナリオ作りや絵コンテ作成と同時進行されるのが、設定を決めていく作業です。各パートのスタッフが、キャラクター造形などの基準＝設定をもとに作業しなければ、作品に統一感を持たせることはできません。

キャラクターや背景が線画で描かれた設定の資料は、ときどきアニメ誌に載ったり、映像ソフトの特典になったりするので、見たことがある人も多いでしょう。

なお、設定にはいくつか種類があります。

①キャラクター設定

登場人物の設定。主にキャラクターデザイナーが描きます。描かれるのは、キャラクターの全身姿をそれぞれ正面、横、後ろから見た三面図と、喜怒哀楽などの代表的な表情。そのキャラクターが使うメカや小物（プロップと呼ばれる）も描いておきます。

なお、原作が漫画やゲームの場合、キャラクターははじめから図案化されていますが、それでも設定の作業は行います。なぜなら原作の図案は、登場人物の後ろ姿がないとか、逆に動画に向かない細かすぎる装飾や模様があるなど、そのままではアニメ化できないことが多いからです。適切に簡略化した三面図は、やはり必要なのです。

②美術設定・美術ボード

背景を描くのに必要な部屋、建物、街の様子などが描かれたもので、主に美術監督が描きます。美術設定に色をつけたものを美術ボードと呼びます。

③色彩設計

キャラクターの色見本のことです。色彩設計を専門とするスタッフが作ります。セルに絵の具で色を塗っていた時代と違い、デジタル化により色数が無制限になった今は、表現力が格段に上がりました。でもその分、作業が何十倍も大変になっています。

ゲームのキャラクターのように微妙なグラデーションを使うと量産できないので、アニメのキャラクターは通常色の〝ノーマル〟と、色を暗く落とした〝影〟の２段階で塗り分けています。そのため立体感を表現するのが難しく、アニメはゲームに比べて平面的に見えるのです。

【レイアウト・原画】

原画マンが絵コンテを見ながらカットごとの構図（レイアウト）を決め、キャラクターの動きの要所（動き始めと動き終わり）を描いたものを原画といいます。１本のテレビアニメで10人ほどの原画マンが関わりますが、その技量がすべて映像に反映されるので、高い技術を持つ原画マンを一人でも多く確保するのがプロデューサーの大切な仕事です。

【作画監督チェック】

原画マンは設定を基準に描いていますが、どうしても各人の個性によってキャラクターの見た目にバラつきが出ます。それに統一感を持たせるのが作画監督の仕事です。なお、キャラクターデザイナーが作画監督を兼務することも多いです。

【動画・動画チェック】

動画マンが、原画では足りていない動きを足す作業。中割と呼ばれていて、アニメーターが最初に任される仕事です。動画チェックと呼ばれる役割のスタッフが、この中割のクオリティーを確認します。


【色指定・仕上】

動画をスキャニングしてパソコンに取り込み、ソフトを使って色をつけていく作業です。アナログからデジタルになり、作業効率が格段に向上しました。アナログ時代、１人が１日に塗れる量は30枚程でしたが、今は１００枚以上塗ることもできます。


【背景】

原画マンが描いたレイアウトをもとに、キャラクターの背景を描く作業。この行程もデジタル化が進み、画用紙に絵の具で描くよりパソコンのソフトを使って描くケースが増えています。

【撮影】

カットごとにキャラクターと背景を合成し、カメラワークをつけて映像にする作業。フィルムを使っていたアナログ時代に比べ、できることが格段に増え、作業時間は長くなりました。そのためスタッフの負担が大きく、全工程の中でこの撮影がもっとも過酷な作業になっています。

【編集】

映像を決められた尺より若干長めに制作し、この編集の段階でカットします。これも今はパソコンのソフトで行います。

【音響】

ここへきてようやく声優の出番です。声優が台詞を収録し、ＢＧＭやＳＥ

（効果音）を入れて完成です。

制作スタッフについて

ここからは、各工程で作業しているスタッフの中でも、とくにその仕事内容がわかりにくい業種について説明します。

【プロデューサー】

僕は、よくこう質問をされます。

「プロデューサーはどんな仕事をしているの？」

アニメーターなどと比べ、仕事内容がわかりにくいからでしょう。簡単には説明できませんが、プロデューサーが作品の総責任者であることは間違いありません。

僕がもし絵を描けたら、アニメーターを目指していました。演技ができたら声優を目指したでしょう。何もできないけどアニメに関する仕事をしたかったので、プロデューサーになりました。ですから、すべてのスタッフの才能に尊敬の念を抱いているし、彼らの奮闘に日々感謝しています。

プロデューサーは、大きく分けて2タイプ存在します。映像メーカーのプロデューサーと制作現場のプロデューサーです。

どちらもほぼ同じ仕事をしますが、異なっているのは映像メーカーのプロデューサーが作品のプロモーションを行い、制作現場のプロデューサーがアニメの実制作を管理する点です。

ではまず、両タイプのプロデューサーに共通する仕事を見ていきましょう。

最初の仕事は、作品を企画することです。どの原作をどんなメディアで、予算はいくらでスタッフは誰で、いつまでに制作するか、といったことを考えるのです。

原作ありの作品にするなら、原作探しからスタートです。

かつて、アニメの原作は漫画や小説など出版物がメインでしたが、20年ほど前からゲーム原作の作品が多くなっています。

ですからプロデューサーは、遊んでいるように見えるかもしれませんが、漫画や小説を読み、ゲームをプレイして、ときにはアニメショップで市場調査もして、常に企画のネタを探しています。

よい原作が見つかったら、出版社やゲームの発売元などにアニメ化の権利が取れるか確認します。このとき「テレビシリーズではないと許可できない」といった条件を出されることがあり、それをクリアできず企画を断念することも多々あります。

よく、アニメファンが「なぜアニメ化されないのか？」と疑問に思っている作品がありますね。おそらくその作品は、何らかの条件がクリアされずアニメ化の許可が下りないのでしょう。

プロデューサーは次に、企画の骨子を固めます。

作品を発表するメディアはテレビ？　配信？　映画？　メインスタッフは？　予算は？　スケジュールは？

この中でとくに重要なのが、メインスタッフの選定です。

というのも、アクションが得意な人、ラブロマンスが得意な人、メカが得意な人といった具合にスタッフにも得手不得手があり、同じ原作のアニメでもスタッフが異なればまったく違う作品に仕上がるからです。原作をベストな形でアニメ化できるスタッフはどんな座組みか。その選定が、いちばん神経を使う仕事です。

骨子が固まったら、ある意味もっとも重要な仕事、企画書作りに取りかかります。企画の実現は企画書の出来にかかっているので、通りやすい企画書を書けることが優秀なプロデューサーの条件とすら言えるでしょう。

企画書ができたら、次はお金集めです。

アニメを作るのにどれぐらいの費用が必要か知っていますか？

深夜に放送されるテレビアニメの場合、最低でも1話に1300万円の制作費がかかります。全13回として1億6900万円。これに、波料と呼ばれる提供料（テレビ局に支払われる）が別途必要ですから、総額でおよそ2億円になります。この2億円を集めるのが、プロデューサーの腕なのです。

　今は、映像ソフトを販売することで制作費を回収する仕組みになっているので、ソフトの発売元や販売会社が制作費の大部分を負担します。ただ、1社で負担するには金額が大きいので、製作委員会という形式をとり数社でお金を出し合うのが一般的です。

なお、プロデューサーの背後にはこの伏魔殿的な製作委員会があり、あらゆることに口を挟んできます。当然、声優のキャスティングに大きな影響を及ぼすこともあります。

声優からすると「そんなに制作費があるのに私たちのギャラは安すぎる！」と思うでしょうが、アニメ制作には数百人のスタッフが何ヶ月も関わっているので、人件費の負担はかなり大きくなります。

監督でも同年代のサラリーマンより稼ぎが悪かったり、動画マンなどは毎日休みなく働いても月に5、6万円しか稼げなかったりします。仕事がなければアルバイトできる声優よりも過酷な状況なのです。けっして声優だけが薄給なわけではありません。


お金が集まったら、いよいよ制作スタートです。

ここからが長丁場で、完成まで最低でも6ヶ月、長いと1年以上かかります。なお、制作が始まると映像メーカーのプロデューサーと制作現場のプロデューサーの役割が少し違ってきます。

制作現場のプロデューサーは、制作がスケジュール通り進行しているかを随時チェックし、遅れそうになると何らかの手を打ちます。アニメ制作はどうしても当初のスケジュールより遅れがちになるものですが、もし大幅に遅れるようならスタッフの交代などを決断しなければなりません。

映像メーカーのプロデューサーは、制作作業と平行して作品のプロモーションを進めます。より効果のあるプロモーションを考え、実行していきますが、キーマンになるのは声優です。監督やスタッフが表に出て宣伝活動をするのはごくまれなこと。やはり、声優が作品の顔としてプロモーションを行うのです。

ちなみに、声優がいちばん気になるキャスティングがいつ行われるかというと、メインキャラクターについては通常、制作がスタートしてからになります。企画段階でキャスティングを行い、それを企画の売りにすることもありますが、それは珍しいケースですね。端役のキャスティングはもっと遅く、だいたい収録の数週間前に行われます。

なお、プロデューサーの業務の中でいちばん頭が痛い仕事は、トラブル処理です。プロデューサーは作品に関するすべての責任を負う立場なので、日々起こる大小さまざまなトラブルを迅速に解決するのも大切な仕事です。

そして、プロデューサーがもっとも心を痛めるのは、作品を「お蔵入り」させてしてしまうことです。お蔵入りは、世に出せないという意味。制作が途中で中止される場合や、作品は完成しても何らかの理由で公開できないケースがあります。制作に携わってきた関係者やスタッフの苦労を考えれば、これは絶対に避けたいことです。

プロデューサーの仕事にも興味を抱いた人がいるかもしれないので、最後にプロデューサーの資質について書きます。

大切なのは、予算、クオリティー、スケジュールの3つをバランスよく考えられる能力です。この3つは、それぞれ重要でありながら相反する要素なので、同時に成立させるのは至難の技です。

またプロデューサーは、自分が選んだスタッフを尊重し信頼することが大事です。だから僕は、シナリオや絵コンテなどスタッフの成果物には必要最低限しか口出ししません。できるだけスタッフのセンスと技量に任せます。

ときどき、作品のクオリティーが低いことをスタッフのせいにするプロデューサーがいますが、それは間違いです。なぜなら、そのスタッフの起用を決めたのは、ほかでもないプロデューサーだからです。製作委員会から強く推薦されたなどの理由があったとしても、最終決定権はプロデューサーにあるので、すべての責任を負うべきでしょう。

責任は自分が負い、スタッフがのびのびと作業できるような現場にする。プロデューサーにはそうした度量の大きさが必要なのです。

つい、プロデューサーの説明が長くなりましたが、ここからはほかの主要なスタッフについて。

【演出】

演出の主な仕事は、アニメーターが描いたレイアウトや原画、撮影されたカットなどをチェックすることです。絵心がなくてもできますが、絵コンテを作ることがあるのでわかりやすい絵は描けた方がよいでしょう。アニメーターを経験した後、演出になる人も多くいます。

【監督】

アニメ制作に関する現場の総責任者。シナリオから各種設定、絵コンテ、原画、背景、撮影、編集など、すべてのパートをチェックして作品のクオリティーを管理します。

また単発の作品では監督が演出を兼ねますが、テレビシリーズの場合は各話ごとに演出がいます。

【アニメーター】

作画監督、原画マン、動画マンをまとめてアニメーターと呼びます。一般的に、動画マン↓原画マン↓作画監督↓キャラクターデザイナーと出世していきます。

【動画チェック】
動画のクオリティーをチェック、管理、修正する仕事です。

【色指定】
カットごとに彩色する色を指定します。例えば、同じキャラクターでも昼の場面と夜の場面では色を変えたりするのです。

【美術監督】
美術設定や美術ボードを描くことに加え、背景のクオリティーの管理も行います。

【撮影監督】
撮影のクオリティーを管理します。

【音響監督】

監督の意図をくみとり、声優に演技指導をしながら台詞を収録します。そして、台詞、SE（効果音）、BGMのバランスを考え、作品の「音の部分」を完成させます。


ここで紹介した業種の人をはじめ、すべてのスタッフが
「より良い作品にしたい」

と強く思いながら、日々汗をかいています。

そうした努力の結晶に、最後、命を吹き込むのが声優の仕事なのです。

マイクの前に立つとき、ぜひ声優の仕事の意味と、重さを思い出してください。


最後までお読みくださり、ありがとうございました。

おわりに

「ほかの人がやらないことをやる」

それが僕のモットーです。いささか変わり者のプロデューサーだと思っています。

アニメを作るときは、常に新しい試みに挑戦しています。裏方でありながら、ラジオやイベントにも出演しています。やれることは何にでもチャレンジしてきました。

そして今度は本を出しました。正直、これには我ながら驚いています。

もう10年以上前、仕事場で出会う若い声優さんたちにいつも話していることを、本の形にまとめてもっと多くの若者に伝えたいと思いつきました。

その夢が叶いました。

この本は、30年間アニメ業界で活動してきた経験がもとになっています。書くことができたのは、アニメ制作現場のスタッフや声優の方々はもちろん、作品を応援してくれるユーザーの皆さんなど、周りにいるすべての人たちとの関わりがあったからです。

また編集の方々には、つたない文章を丁寧に監修していただきました。みなさんに深く感謝しています。本当にありがとうございます。

僕が、本を出すという夢を叶えるのに10年以上かかりました。

夢は必ず叶うものではありません。でも、諦めなければいつか実現する日がくるかもしれません。

アニメ業界は、日々進化しています。この先どうなっていくのかわかりませんが、わからないからこそ面白いし、チャンスもあるのです。

5年後、10年後、どこかの現場で、

「大宮さんの本を読んで声優になりました」
という声優さんに出会えたら、この上ない喜びです。

僕はアニメが大好きです。
これからもずっとアニメに関わっていきます。
「やっぱりアニメはやめられない!?」のです。

大宮三郎

【著者】

大宮三郎（おおみや・さぶろう）

1964年生まれ、愛知県出身。アニメプロデューサー。本名、岩川広司。中学生のころ、第1次アニメブームにはまった生粋のアニメオタク。堀江美都子、飯島真理を応援する声優オタクでもある。20歳で上京し、アニメの専門学校に入学。卒業後、カナメプロダクションに入社し『ウインダリア』などの制作進行を担当。その後、ケイエスエスに移り、営業、宣伝を経験してからプロデューサーに。さらに、トライネットエンタテインメントを経て、MooGooを設立。代表作は『愛天使伝説ウェディングピーチ』『ああっ女神さまっ』『下級生』『HAPPY★LESSON』『学校の怪談』『機動新撰組 萌えよ剣』『吉永さん家のガーゴイル』『LEGEND OF BASARA』『サクラカプセル』ほか。

声優サバイバルガイド～現役プロデューサーが語る“声優の戦い方”

2015年11月10日　初版発行

著者　大宮三郎

発行人　髙橋 俊

発行所　くびら出版　株式会社スカイドッグエンタテインメント
〒151-0053
東京都渋谷区代々木2-26-1　第一桑野ビル3F
TEL03-5304-5417　FAX03-5304-5418
http://kubira-books.jp/

発売元　サンクチュアリ出版
〒151-0051
東京都渋谷区千駄ヶ谷2-38-1
TEL03-5775-5192　FAX03-5775-5193
http://www.sanctuarybooks.jp/

企画・制作　有限会社リトルウイング

編集　住吉宏二郎

デザイン　岡野隆志（株式会社GIRO）

印刷所　中央精版印刷株式会社

ISBN 978-4-86113-327-5